BLOOM

187

Titolo originale:
Winterbienen

Le tredici illustrazioni presenti nel testo sono opera di Erasmus Scheuer

ISBN 978-88-545-2118-6

Il nostro indirizzo internet è: www.neripozza.it

NORBERT SCHEUER
LE API D'INVERNO

traduzione dal tedesco di
Chiara Ujka

NERI POZZA EDITORE

A Elvira

Io piango per le api.
Le api vengono sterminate dagli eserciti in guerra.

Isaak Babel, *L'armata a cavallo*

Diario 1944/45

Egidius Arimond

Pagina non datata

Non esiste una rappresentazione
di tutta la realtà. Solo di una selezione.
Pär Lagerkvist

Vivo in una cittadina di minatori sulle sponde di un fiume che serpeggia attraverso paesaggi solitari e frastagliati, una zona di piccoli villaggi in mezzo a prati magri, foreste di abeti rossi, faggi e pini che si estendono fino al confine con il Belgio. È da sempre una regione arida e povera, formatasi dall'erosione dell'orogenesi ercinica, con creste di origine vulcanica che sovrastano il paesaggio collinare e una vegetazione lussureggiante che le api sembrano amare molto, poiché ci vivono da milioni di anni, da molto prima che l'uomo cominciasse a insediarsi nella regione del fiume Urft. Secoli dopo, i monaci cristianizzarono le tribú celtiche e germaniche, le quali tuttavia continuarono a venerare le loro matrone e i loro spiriti della foresta e della terra. Mio padre raccontava che un nostro antenato, un monaco benedettino di nome Ambrosius, viveva nel vicino monastero e allevava api. Innamoratosi di una contadinella, questo Ambrosius nel 1492 lasciò il monastero e si fece una famiglia in uno dei villaggi di montagna. Dall'unione nacque la prima generazione degli Arimond. Seguirono guerre, pestilenze, carestie, periodi di pace e poi ancora guerre, durante le quali i miei antenati sopravvissero a tutti i pericoli del tempo lavorando come agricoltori e apicoltori sulle sponde carsiche dell'Urft. Mio padre, infine, abbandonò l'agricoltura per lavorare nella vicina miniera di piombo, pur continuando ad allevare le api. Io sono il primo della nostra famiglia ad aver ambito a una formazione accademica e a essermi allontanato per lungo tempo dall'altopiano dell'Eifel per i miei studi. Ma, dopo la morte di mia madre, quando mio padre, ormai debole, viveva da solo, feci ritorno a casa e inizialmente accettai una cattedra al liceo locale, aiutando allo stesso tempo mio padre nell'apicoltura. Dopo le mie premature dimissioni dalla professione di insegnante, ora mi occupo solo delle api e conduco per mio interesse delle ricerche sul nostro antenato benedettino. Mi guadagno da vivere vendendo i prodotti del miele, come candele di cera d'api, vino e liquore ai piccoli negozi della zona o nei mercati. Dopo la guerra voglio andarmene da qui, lasciarmi finalmente alle spalle questa regione desolata e vivere in una grande città; ma temo che sarà troppo tardi, molte città sono già distrutte. Forse dovrò rimanere per sempre.

Inverno 1944

Lunedí 3 gennaio 1944

L'aereo abbattuto è un North American B-25 Mitchell. Ieri sono stato sul luogo dell'impatto. Fin dall'infanzia ho sempre amato guardare gli aerei con mio fratello Alfons, e ancora m'interessano. Riconosco la maggior parte dei velivoli dalla loro sagoma, dalle ali rettangolari, ovali o appuntite, dalla fusoliera o dall'impennaggio e dall'armamento di ciascuno. Mio fratello ha sempre avuto il sogno di lasciarsi la Terra alle spalle; da quando ne ho memoria, il suo desiderio era diventare astronauta e sulle pareti della sua stanza sono ancora appesi i disegni degli aerei e dei razzi con cui avrebbe conquistato lo spazio. Sullo scaffale ci sono opere di Hans Dominik e di Jules Verne, romanzi su viaggi cosmici e spedizioni avventurose nelle viscere della Terra. Dopo aver finito la scuola, Alfons si è arruolato nella Luftwaffe. Le sue prime notizie le ricevemmo quando stava frequentando la scuola di volo già da alcuni mesi. Alla lettera era allegata una fotografia, nella quale lo si vede sorridente con i suoi compagni, in piedi nell'hangar, accanto a un aereo da addestramento.

Dall'inizio della guerra, squadriglie di caccia e di bombardieri sorvolano ogni giorno la regione dell'Urft. Spesso li riconosco dal rumore dei motori, ancor prima che siano visibili.

Il North American B-25 Mitchell si è schiantato al suolo di punta. Al tirante della cabina di pilotaggio era appeso un corpo ustionato; teste, piedi e mani di altri membri dell'equipaggio giacevano sparsi sul campo fangoso e il corpo del pilota sedeva con gli arti scomposti proprio accanto al velivolo. Cinque sono i cadaveri rinvenuti. La polizia militare ha isolato l'area per un ampio perimetro; i soldati hanno palpato i morti in cerca di armi, talvolta nascoste nelle imbottiture di ovatta sulle spalle delle giacche. Stando ai racconti che si sono diffusi piú tardi alla locanda, sono stati trovati tirapugni, pistole, un fazzoletto di seta con stampata una mappa del Reich, una bussola tascabile, un coltello a serramanico, anelli d'oro, un orologio da pilota, foto di famiglia, una Bibbia, immagini di donne nude bianche e di colore.

North American B-25 Mitchell
Equipaggio: sei uomini; Propulsione: due motori radiali Wright Cyclone, 1850 CV ciascuno; Armamento: otto mitragliatrici come armamento difensivo, otto mitragliatrici di tiro in avanti; Carico bomba: 1800 kg.

Martedí 4 gennaio 1944

Aspera perpessu fiunt iucunda relatu, le situazioni difficili da sopportare diventano piacevoli da raccontare. Spesso, da bambino, quando non riuscivo a dormire, sgattaiolavo di nascosto al buio nel giardino che profumava di gelsomino e caprifoglio, fino alla casetta delle api sulla roccia. Sfioravo con la punta delle dita le vecchie e porose assi di abete rosso, bussavo cauto contro il legno, parlavo con le nostre api, appoggiavo l'orecchio all'arnia e aspettavo la loro risposta. Rimanevo in ascolto dell'effervescente ronzio che, una volta sintonizzati, diventava un brusio flebile e armonioso, che mi suonava familiare e confortante. A volte, d'estate, mi addormentavo sul pavimento davanti alla casetta e venivo svegliato solo al mattino dal ronzare delle api che volavano fuori.

Mercoledí 5 gennaio 1944

Alla fine del Diciannovesimo secolo, quando nella nostra regione rifiorí l'industria mineraria, i figli dei contadini furono attirati dai buoni guadagni a lavorare nelle miniere di piombo. A quei tempi nella regione dell'Urft arrivavano da molti paesi minatori che si stabilivano con le loro famiglie a Kall e dintorni. In breve migliaia di lavoratori furono impegnati a cercare sopra e sotto terra minerali di piombo, noduli di manganese e argento. Seguendo i filoni, questi uomini scavarono nella terra gallerie sempre piú lunghe e profonde che, con il tempo, crearono un enorme, ormai dimenticato, labirinto di pozzi e corridoi. La superficie, quello che in passato era stato terreno agricolo e da pascolo, si coprí infine di montagne di scorie e polvere tossica di piombo. Nel giro di pochi anni, un villaggio agricolo sul fiume Urft divenne una cittadina di minatori, con un municipio, una biblioteca, un liceo, scuole tecniche e professionali, nonché un collegamento ferroviario grazie al quale i minerali estratti e fusi venivano trasportati fino al mare, e da lí fino in Brasile e in Nuova Zelanda. Anche mio padre, quando tornò a casa dalla prima guerra mondiale, fu assunto in una delle tante miniere di piombo, pur continuando, come ho già menzionato, a occuparsi di agricoltura e ad allevare le api. Io possiedo ancora maiali, polli e un cavallo, un renano a sangue freddo che ben si presta al trasporto delle arnie fino ai pascoli. Dopo il matrimonio con mia madre, papà costruí, su un appezzamento in periferia, la nostra casa in arenaria rossa, che estrasse dalla roccia al limitare del giardino e tagliò in conci. Lavorò alla costruzione di questa casa per diversi anni e, poco dopo averla terminata, nacqui io. Vicino alle rocce di arenaria piazzò la sua nuova casetta delle api, proprio accanto all'officina e al capanno degli attrezzi, dove nei suoi ultimi anni di vita sedeva su una vecchia poltrona e disegnava le api: api raccoglitrici, operaie, guardiane, la regina e la sua corte con le ancelle e i fuchi grossi e libidinosi. Nel corso della sua vita, papà fece molti piccoli disegni delle sue api, come se avesse intenzione di ritrarle tutte nei minimi dettagli, come se ognuna di esse avesse una propria individualità. Fino alla sua morte, vidi sorgere strani schizzi, quasi impossibili da decifrare, che probabilmente volevano rappresentare i movimenti delle api nell'arnia invernale o le danze misteriose nella tiepida aria primaverile davanti alle loro abitazioni.

Giovedí 6 gennaio 1944

Re Magi

Come ai tempi in cui facevo l'insegnante, mi alzo sempre alle cinque del mattino, bevo caffè d'orzo e mangio qualche fetta di pane nero con margarina e miele d'acacia dell'ultimo raccolto. Con il succo di ribes prendo i miei farmaci antiepilettici (Luminal). Dall'inizio della guerra i prodotti alimentari e le medicine sono razionati e disponibili solo con le tessere. Accanto a me siede il cane di papà, un maschio vecchio, testardo e dal muso grigio, che mi accompagna quando esco, mi segue dappertutto. Dopo la colazione porto il mangime ai maialini nella stalla accanto al fienile, conduco il cavallo al pascolo, vado dalle mie api invernali e tolgo la neve dai loro fori di volo. Le api hanno bisogno di aperture libere per la circolazione dell'aria nell'alveare.

Il compito delle api che sono in vita durante l'inverno consiste nel mantenere al caldo la nuova generazione di larve in attesa della primavera, proteggerle e nutrirle, e salvaguardare cosí la sopravvivenza della colonia. Durante la stagione fredda mantengono una temperatura costante intorno ai venti gradi, sufficientemente calda da evitare che la regina e loro stesse muoiano assiderate. Alle api, per sopravvivere, bastano due telai ben isolati, in cui si pigiano una contro l'altra formando un grappolo. Attraverso le continue vibrazioni della muscolatura pettorale, disaccoppiata dalle ali, producono il calore necessario e cambiano di continuo posto nel grappolo, in modo che ognuna di loro benefici almeno una volta della temperatura piú alta all'interno della colonia. Le api collaborano in sistemi molto complessi: non possono inventare una nuova struttura sociale, non possono semplicemente uccidere la loro regina e proclamare una repubblica. Hanno avuto bisogno di milioni di anni per organizzarsi come sono ora, dove tutto nella colonia sembra predisposto alla sopravvivenza e al benessere. Già Virgilio amava e apprezzava le api, le considerava laboriose e dotate di capacità artistiche, poiché costruiscono bellissime strutture di favi. Nel loro sistema il poeta latino vedeva persino il modello dell'impero romano e ne lodava la combattività, che paragonava a quella dei valorosi soldati romani. Ma le api non sono aggressive; giammai conquisterebbero altre colonie soggiogandole e, se non si sentono attaccate, vivono del tutto pacifiche.

Sabato 8 gennaio 1944

Nel Kroppel, una piccola pineta a sud-ovest di Kall, non lontano dai miei migliori pascoli per le api, ieri, quattro giorni dopo lo schianto del Mitchell, nella chioma di un pino è stato trovato un paracadute americano. A quanto pare, uno dei membri dell'equipaggio era riuscito a salvarsi dallo schianto dell'aereo, ma si è poi impigliato con il paracadute tra i rami, da dove è probabilmente riuscito a liberarsi e a fuggire, oppure è stato liberato. Di sicuro è ancora nascosto da qualche parte. Una squadra di ricerca ne ha seguito le tracce; tutta l'area e i dintorni sono pieni di polizia militare, che passa sistematicamente al setaccio ogni angolo. Il fatto che vi fossero tracce di due uomini, ma che nei pressi dell'aereo schiantato siano stati trovati cinque morti, suggerisce che un soldato sia sopravvissuto e che qualcuno di qui lo abbia aiutato. La ricerca è durata fino all'imbrunire e si è estesa anche alla zona mineraria, un'area pericolosa punteggiata di cunicoli e grotte sotterranee, dove da bambino andavo spesso a giocare con mio fratello. Le squadre di ricerca vi si avventurano con circospezione, poiché c'è sempre il pericolo di sprofondare in una delle innumerevoli gallerie, in un pozzo di ventilazione o in una dolina nascosta. Dato che casa mia non si trova lontano dal luogo dello schianto, la sera una squadra di ricerca è comparsa alla mia porta. Cinque soldati della polizia militare con pistole mitragliatrici hanno ispezionato tutte le stanze, il fienile e il capanno adiacente alla casetta delle api sulle rocce di arenaria. Hanno dato un'occhiata anche alla mia piccola biblioteca, uno di loro ha acceso la radio e ha girato le manopole. Ma non hanno trovato nulla. Tutti i libri proibiti li ho già nascosti anni fa sugli scaffali della biblioteca civica, dove certamente non attirano l'attenzione di nessuno. E le cose piú importanti sono nascoste al sicuro insieme al mio diario nel doppio fondo di un'arnia.

Domenica 9 gennaio 1944

Ora durante l'inverno devo lavorare, eccezionalmente, piú delle mie api, le quali nel periodo piú freddo si concentrano solo sulla sopravvivenza e questo per loro significa, in primo luogo, superare il gelo. La loro colonia è come un organismo che in primavera inspira, in estate espira e in autunno e in inverno si riposa. Io, al contrario, nel periodo freddo ho molto da preparare per la prossima stagione. Di solito lavoro nel capanno degli attrezzi accanto alla casetta delle api, dove ho tutto il necessario per la produzione del miele e le riparazioni di falegnameria alle arnie. I telai devono essere, ove necessario, sistemati e ridipinti. E c'è anche molto altro a cui devo prestare attenzione, per esempio le tarme della cera, le cui femmine riescono a entrare nell'arnia, depongono le uova nei favi e le ricoprono con una spessa tela. Per questo motivo ispeziono regolarmente la mia colonia di api anche in inverno. Recentemente, sento dire sempre piú spesso da miei colleghi che le loro api vengono infestate dal nosema, un parassita che aggredisce prevalentemente lo stomaco e l'intestino delle operaie e fa morire intere colonie. Il professor Karl von Frisch ritiene che la continua diminuzione del numero di api nelle colonie sia dovuta a un'infestazione delle api bottinatrici che, aggredite da microrganismi, non fanno piú ritorno dalla raccolta del miele e muoiono lontano dall'alveare; forse a causa della malattia perdono la memoria della strada di casa e vagano cosí di fiore in fiore fino a morire per sfinimento. Dal momento che cosí tante api non ritornano nell'arnia, viene introdotto sempre meno cibo, e questo, con tutte le conseguenze della perdita di molti membri, può portare la colonia a morire di fame. Karl von Frisch è di origine ebraica e le sue ricerche sulle api e le loro malattie devono essere molto importanti per i nazisti, altrimenti non gli avrebbero permesso di continuare il suo lavoro all'università. Finora, grazie a Dio, non ho ancora riscontrato l'infestazione da nosema nelle mie api. Alcuni colleghi riferiscono che quest'inverno alcune delle loro colonie si sono estinte in poco tempo, senza un chiaro motivo. Pertanto, mi chiedo se le colonie che tengo vicino ai forni a calce siano ancora sane. Ora non posso andare a controllare lassú al confine, con il carro starei in viaggio quasi una giornata intera, perciò di solito lascio che queste colonie se la cavino da sole durante l'inverno. Chissà, forse è per questo che sono piú resistenti delle mie api quaggiú a valle.

Martedí 11 gennaio 1944

Nel pomeriggio scendo in città al Café Blasius. Io lo chiamo caffè, ma in realtà vi è solo un piccolo e comodo angolo per sedersi accanto alla vetrina, non lontano dal bancone della panetteria. La commessa sta in piedi dietro il bancone e guarda verso di me. Una volta mi ha chiesto cosa scrivo nel mio quaderno. Le ho risposto che scrivo delle mie api. Come un mercante, anch'io devo tenere quotidianamente la contabilità: le api sono le mie impiegate, producono il miele, e io lo vendo e mi prendo cura di loro. La commessa è una ragazza un po' ingenua ma di buon carattere, con un leggero labbro leporino e la voce nasale; a volte parla da sola e conta le pagnotte o canticchia piano tra sé. Mi piace sedermi qui, bevo caffè d'orzo e guardo la piazza del mercato con il suo acciottolato, la vecchia fontana di pietra calcarea bucherellata e i negozietti circostanti. Non lontano si trova la biblioteca; lí accanto, un vicolo scompare tra il muro del cimitero e le basse case in pietra con la facciata ornata di balconi e la ringhiera in ferro battuto.

A ogni visita in biblioteca, controllo se è stato lasciato qualche messaggio per me, secondo la regola da cui non posso discostarmi neanche di una virgola. I messaggi in codice sono infilati in uno dei volumi rilegati in cuoio che elencano la quantità estratta di minerali di piombo e i salari degli operai negli anni 1850-1888; a nessuno interessano queste colonne di cifre senza valore.

Dopo il mio lavoro in biblioteca, vado alla locanda che si trova presso il fiume Rauschen, che attualmente mia cugina Sanny deve gestire da sola. Suo marito Vallentin è stato arruolato nella Wehrmacht tre anni fa e ora combatte sul fronte orientale. Da tempo Sanny non ha notizie di Vallentin ed è molto preoccupata; quando è partito per la guerra, erano sposati da un anno appena. Mia cugina è l'unica a sapere che guadagno qualcosa portando fuggitivi ebrei al confine con il Belgio. Chiedo duecento marchi a persona per il trasporto – viene sempre prima di tutto il denaro, e solo successivamente la virtú –, ma è perché ho bisogno di molti soldi per i miei antiepilettici; da quando c'è la guerra i farmaci sono difficili da reperire, soprattutto per uno come me, che non è di alcun valore per la comunità nazionale, che secondo l'ideologia del regime è un parassita e dovrebbe anzi essere annientato.

Ora sento sempre piú spesso gli aerei nemici anche durante il giorno: bombardieri Martin B-26 Marauder, Lightning, Maryland e Lancaster. Li riconosco dal particolare rumore che fanno in volo. Sono grossi aerei da combattimento, che vanno a sganciare bombe sulle città e sugli impianti industriali della Ruhr. Volano cosí in alto che non sono visibili a occhio nudo, solo la luce del sole talvolta li fa lampeggiare come stelle d'argento tra le fessure delle nubi.

Mercoledí 12 gennaio 1944

Il cielo è grigio come il cemento, le nuvole sono cosí basse da far temere di sbattere la testa da qualche parte, lontano all'orizzonte.

Gli aerei nemici oggi non volano a causa della fitta coperta di nubi, ma la guerra è ovviamente sempre presente, un terribile demone che esiste a memoria d'uomo, che si nasconde in agguato in un angolo e può spuntare inaspettatamente in qualsiasi momento per profanare con furia cieca la natura e le sue creature.

Per il momento non vado nel capanno a riparare le arnie Langstroth come faccio di solito a quest'ora; siedo invece davanti alla finestra, alla macchina da scrivere, e sogno, non vedo l'ora che le api volino di nuovo fuori, che raccolgano il nettare e il polline, che i loro corpicini fluttuino luccicanti alla luce del sole mentre io, seduto su uno sgabello accanto ai fori di volo, ascolto il loro ronzio. Le mie dita tremano mentre scrivo, sento quelle vertigini a cui un tempo seguiva spesso una crisi epilettica. Fuori volteggiano i fiocchi di neve, le ombre dei rami ondeggiano sulla neve; uno dei gatti selvatici striscia dal fienile attraverso il giardino e scompare dietro la casetta delle api. Ho sempre piú la sensazione di vivere in un'enorme stanza fredda da cui non ho via di fuga, dove i miei ricordi si stanno lentamente congelando. Cosí adesso ho iniziato ad annotare nel mio diario, inizialmente dedicato solo alle api, anche le esperienze importanti e i miei pensieri piú segreti. *Arduum videtur res gestas scribere,* è difficile descrivere le imprese compiute. Sí, è pericoloso e difficile scrivere la verità.

Ma i miei appunti li dedico solo alle api, poiché so che loro mi capiscono e non mi tradiranno mai.

Giovedí 13 gennaio 1944

Oggi non sono arrivato nemmeno fino alla biblioteca, nonostante la possibilità che ci sia un messaggio per me. Ultimamente sto portando al confine pochi fuggitivi, negli ultimi anni la via di fuga è diventata sempre piú pericolosa. Prima della guerra, chi doveva lasciare illegalmente il Reich prendeva l'autobus per Losheim o Prüm, scendeva non lontano dal confine, saltava il fosso e correva attraverso i campi e i prati verso la libertà. Dopo l'annessione del Belgio questa via ha cessato di essere praticabile e l'Organizzazione ne ha trovata un'altra, piú complicata ma sufficientemente sicura. Mi sorprende che mi venga spontaneo continuare a parlare di confine, che di fatto non esiste piú. Adesso, quando arrivano i fuggitivi, nel libro che sto leggendo trovo a margine l'indicazione a matita di una segnatura, ovvero la collocazione di un determinato libro in biblioteca. Non so chi la scriva; in ogni caso, si trova sempre a un determinato numero di pagina e io la cancello dopo averla memorizzata. Nel volume corrispondente a questa segnatura trovo un pezzo di carta che mi informa sul luogo d'incontro, l'ora e il numero dei fuggitivi.

Dopo averli prelevati nel posto indicato, li conduco attraverso la zona mineraria fino al nascondiglio, una grotta sotto la testa d'elefante – come Alfons chiamava quell'alta roccia per via della sua forma –, raggiungibile direttamente da casa mia anche con un tragitto molto piú breve, ma molto piú pericoloso. Come la casa di un topo, la mia grotta ha diverse uscite. Quand'ero piccolo ne ho scoperto per caso con Alfons un accesso nel nostro giardino, ed è sempre rimasto un segreto fra di noi. I fuggitivi rimangono nel nascondiglio finché non ricevo le istruzioni per portarli al confine. Devo arrivare nella zona di confine, piú precisamente alle rovine romane dei forni da calce, mentre fa ancora buio, perché dopo il sorgere del sole le api volano fuori per la raccolta. Il trasporto delle colonie di api può avvenire solo tra le ore serali e il mattino successivo. Durante il viaggio notturno i fuggitivi infatti si rannicchiano in cassette da me appositamente costruite, tutt'intorno alle quali colloco altre arnie con colonie d'api particolarmente aggressive. L'estate scorsa ho trasportato una bambina: lungo la strada fui fermato dalla polizia militare e spiegai che stavo portando le mie api ai pascoli vicino al confine, che devo farlo di notte perché di giorno volano fuori per la raccolta e pertanto si possono trasferire da un posto all'altro soltanto al calar del sole, quando sono tutte di nuovo nelle loro arnie. Di regola i soldati si accontentano delle mie spiegazioni, e non mi chiedono di aprire le cassette delle api; mostro semplicemente il lasciapassare e mi permettono di continuare il mio viaggio. Ma quella volta i gendarmi esaminarono il carro e mi chiesero di aprire tutte le arnie Langstroth. Li misi in guardia sulle punture delle api disturbate nella loro tranquillità, ma quelli continuarono a insistere di voler guardare nelle arnie. Giravano intorno al carro con le pistole mitragliatrici e continuavano a illuminarmi mentre prelevavo i telai. Migliaia e migliaia di api si riversarono fuori e si schierarono in un grande sciame scuro. La bambina si rannicchiò immobile per rimanere nascosta. Le api volavano alla ricerca della regina, che avevo sistemato nella cassetta dove la piccola era accovacciata. Presto l'avvolsero, rendendola invisibile. Le api, quando sciamano, non sono aggressive, vogliono solo raggiungere la regina e non hanno altro in mente se non proteggerla, poiché senza di lei una colonia è completamente indifesa e muore. Alla bambina, per precauzione, avevo quindi fissato al vestito dei bigodini contenenti delle regine.

Venerdí 14 gennaio 1944

Nella casetta delle api nel mio giardino posso tenere da venti a venticinque colonie di circa cinquantamila api ciascuna e, inoltre, fino a quaranta arnie nei campi e nei prati attorno all'Urft. Le mie api appartengono alla specie carnica, piú precisamente alla sottospecie *Apis mellifera carnica*, originaria delle regioni a sud delle Alpi dove un tempo, grazie alla situazione geografica, rimaneva fedele al suo habitat. L'*Apis mellifera carnica* fu registrata come sottospecie locale della regione dell'Urft solo a partire dal tardo Medioevo e, nel corso dei secoli, ha quasi completamente sostituito l'ape nera occidentale (*Apis mellifera linnaeus*), chiamata anche *Braunelle*, che in origine aveva qui il suo habitat privilegiato. Le ragioni sono la maggiore resistenza delle colonie della carnica e la maggior produzione di miele, nonché la minor aggressività. La carnica è grande come l'unghia di una bimbetta, e il suo corpo è ricoperto da un mantello di chitina piumoso, simile a una pelliccia. Ha dei begli occhi sfaccettati e mirabili sensori per le vibrazioni, gli odori e i rumori, che le consentono di formare nel suo piccolo cervello l'immagine di un mondo completamente diverso da quello della nostra percezione. Durante l'inverno, il numero delle carniche in tutte le mie colonie si riduce a circa un quarto; rimane infatti in vita solo la quantità di api necessaria per nutrire e mantenere al caldo la regina e le larve della colonia attese a breve. Con la fioritura primaverile le api aumentano nuovamente di numero e per tutta la primavera e l'estate trasportano polline e nettare nell'alveare; le api estive raccolgono cosí instancabilmente che muoiono per sfinimento nel giro di poche settimane e continuano a venire sostituite da una nuova generazione.

I contadini ricevono da me una parte del miele raccolto in estate e in autunno e beneficiano inoltre dell'impollinazione dei loro campi di trifoglio bianco e dei frutteti. Mio padre allevò fino alla sua morte piú di centotrenta colonie di api, e io al momento ne ho ancora ottanta, tutte discendenti dalle sue. Forse le nostre api discendono dalle colonie di Ambrosius, e forse io non possiedo affatto le api, ma sono loro a possedere me; forse siamo tutti, api comprese, parte di un misterioso organismo immortale e spietato.

Lunedí 17 gennaio 1944

In biblioteca scopro altre tracce del monaco benedettino Ambrosius. Faccio ricerche nei vecchi libri del monastero con la speranza di riuscire a raccogliere abbastanza materiale da poter scrivere un breve libro sul nostro antenato. La maggior parte dei testi che trovo riguarda la vita monastica nell'ordine benedettino, e sono messali o scritti di filosofi antichi e scolastici. I testi di Ambrosius, quando li trovo, sono perlopiú pergamene ingiallite, strappate e rimesse insieme, riguardo lui e le sue api, palinsesti resistiti ai secoli, ripiegati tra i fogli di grossi volumi rilegati in pelle. Probabilmente Ambrosius o uno dei suoi confratelli li nascose lí molto tempo fa. Ho difficoltà a decifrarli: i testi sono redatti in un latino o greco non convenzionali. Ambrosius nei suoi scritti paragona la vita in un monastero a quella in un'arnia. Se è permesso confrontare il piccolo con il grande, allora i singoli compiti e gli ambiti di lavoro dei monaci all'interno della loro comunità corrispondono allo stile di vita delle api, alla loro organizzazione e alle loro funzioni specifiche nella colonia. Ambrosius vede persino un'analogia con lo spirito: nella colonia delle api avvengono gli stessi processi che fanno funzionare il cervello umano e, a suo parere, vi agiscono le medesime forze, in armonia con l'intera natura divina. Ambrosius ha conoscenze sulla riproduzione delle api, distingue tra api operaie, ceraiole, nutrici, guardiane e fuchi. L'attività, ai suoi occhi ancora disordinata ma chiaramente finalizzata, che si svolge all'interno dell'arnia, la spiega con la luce divina che penetra e illumina spiritualmente le tenebre terrene e fa sorgere il nuovo. I cristiani hanno sempre avuto un rapporto speciale con le api: una leggenda narra che, mentre i lombi di Cristo crocifisso stillavano sangue, le api, attratte dalla sua dolcezza, accorsero a raccogliere le gocce. L'antica idea che non concepissero la loro progenie, ma la suggessero dai fiori, rendeva l'ape per i cristiani un simbolo di verginità, unico essere vivente sceso dal paradiso nel nostro mondo completamente immutato, senza lo stigma del peccato originale; una colonia di api sarebbe pertanto perfetta e immortale come l'anima umana piú pura. Spirito e natura operano insieme nella colonia delle api, e Ambrosius paragona euforico il loro volo a un sogno divino che risveglia la natura. I fiori sviluppano lo splendore dei loro colori solo grazie alle api, che sono dunque le prime artiste a testimoniare la bellezza di Dio nel mondo. Seguono poi alcune osservazioni pratiche sull'apicoltura, che trattano tra le altre cose della riproduzione delle colonie e del comportamento degli sciami, ancora misterioso per Ambrosius. Il monaco sperimenta nuove procedure di apicoltura, ma incontra scarsa comprensione da parte dei confratelli. Ha già un'idea della possibilità di arrivare al miele senza distruggere per questo le colonie.

Le pergamene che sono riuscito a trovare finora sono manoscritte, brevi frammenti, perlopiú privi di un contesto. Le annotazioni del primo palinsesto sembrano trattare della casa natale di Ambrosius sulle Alpi italiane. Il monaco racconta del suo primo fatidico incontro con Johann von Erkelenz, il confidente e scrivano del cardinale Nicola Cusano. Dato che i fogli non hanno una sequenza, devo trovare i collegamenti appropriati o metterli insieme secondo i temi che trattano.

Frammento I
Monastero di Steinfeld, A.D. 1489

Ambrosius Arimond

Fu l'inverno piú rigido che abbia mai vissuto in gioventú. All'epoca, i pendii della mia patria alpina rimasero coperti per mesi da enormi masse di ghiaccio e neve. Sulla mulattiera che conduce al passo del Rombo, né uomo né animale potevano fare anche un solo metro senza rischiare la vita. Nei giorni di tosatura, il tempo divenne piú mite. I primi raggi di sole rivolsero timidamente lo sguardo alle cime che si ergevano alte e sciolsero gran parte del ghiaccio e della neve; rivoli gorgoglianti colavano ora ovunque sotto scintillanti distese di neve fino alle valli di Moso e Ingrimm. All'epoca provai un'impazienza e una gioia a me inspiegabili, come mai prima d'allora. Pensai, senza sapere perché, che mi sarebbe successo qualcosa che avrebbe determinato il mio destino. La mia amata madre era morta improvvisamente l'anno prima e sul letto di morte mi aveva raccontato uno strano sogno in cui san Cristoforo prendeva per mano me, il suo unico figlio, e mi portava via da lei, lontano, in terre sconosciute. Dopodiché mi baciò le dita, si lasciò cadere con un sospiro e chiuse per sempre i suoi occhi dolci e amorevoli. In seguito non ebbi il tempo per meditare su cosa significasse il futuro profetizzato da mia madre; da quel momento in poi dovetti assumermi tanti compiti che non mi erano mai stati richiesti prima della sua morte. All'epoca non sapevo né leggere né scrivere e, come tutte le altre povere anime del nostro piccolo villaggio di montagna, ero solo un essere grezzo, ignorante e peccaminoso. Non sapevo assolutamente nulla del mondo al di fuori della nostra valle, che era circondata da alte e possenti catene montuose. Insieme al vecchio Mäthi mi occupavo delle nostre arnie, curavo nella stalla le mucche che presto avrei riportato all'alpeggio e davo una mano a papà alla locanda e in cucina, servendo frettolosamente i pochi ospiti che giungevano da noi in questo periodo dell'anno. Quando uscii dalla piccola e fumosa sala, il sole stava sorgendo dietro la montagna che si innalzava nell'oscurità minacciosa, conferendo ai ghiacciai uno splendore argenteo ingannevolmente amabile, che scorreva a valle insieme ai bianchi turbinii delle nubi. Presto, cosí pregavo e speravo vivamente, i miei alpeggi e i larici sarebbero tornati verdeggianti e le rose alpine in fiore avrebbero attirato di nuovo le api fuori dai loro cesti. Subito la prima luce del sole si posò ondeggiando come un caldo lenzuolo sulle valli e sui prati, e infine ritornammo a scorgere le cime delle montagne che si innalzavano nel cielo blu. I portatori di gerla risalivano la montagna dalla val Passiria come ogni primavera, e lo stesso facevano i mercanti e i pastori da Moso e dalla lontana Merano. Forse stavano già intraprendendo l'arduo cammino per raggiungere infine, lungo tortuose mulattiere affacciate su profondi precipizi e scintillanti laghi glaciali, attraverso la valle di Ötz fino a Zwieselstein sull'altro versante delle Alpi, un mondo allora a me ancora sconosciuto, di cui avevo sentito solo i racconti dei pastori e dei portatori che nei mesi estivi trasportavano lino, bestiame, speck, lardo e il miele delle nostre api sulle montagne, scambiavano le loro merci nei villaggi al di là delle Alpi con acquavite, aceto e molto altro, risalivano poi di nuovo i monti verso i loro villaggi di origine, vendevano lí le merci scambiate e si guadagnavano cosí il loro misero sostentamento. Nessuno conosceva le montagne e i loro pericoli come i portatori di gerla, nessuno sapeva meglio di loro quanto potevano essere volubili le cime e come, a ogni passo verso l'alto, il piú mortale dei pericoli era sempre in agguato. Sostavano da noi prima di azzardare la salita verso il passo del Rombo la mattina seguente, ancor prima dei raggi antelucani del sole. All'epoca spettava a me accudire i loro animali da soma e i buoi che trasportavano i loro carichi, mentre mio padre e le nostre due domestiche si sforzavano come meglio potevano di rifocillare gli uomini stanchi per la salita.

Mercoledí 19 gennaio 1944

Ieri, dopo tanto tempo, ho avuto un'altra crisi epilettica; si è annunciata simile a una folata di vento, come se andassi lentamente alla deriva su una barca a vela in un giorno d'estate. Ho sentito che stavo per perdere i sensi, dopodiché sono caduto nel capanno, mi sono ferito la fronte e mi sono morso le labbra fino a farle sanguinare. Quando mi sono ripreso, avevo un bigodino nel pugno. Non so dove l'avessi trovato, come mi fosse finito in mano. È di metallo, ha un bordo orlato di rosso dorato e all'interno, oltre la griglia, vi era una regina morta, di cui erano rimasti solo lo scheletro di chitina, la testa e le ali. Ho tolto i tappi di sughero e ho tirato fuori con attenzione la regina dalla sua prigione; aveva ancora il suo piccolo puntino giallo sul collo, segnato da mio padre, ed era cosí leggera che un colpo d'aria l'ha fatta volare via dalla mia mano. Devo aver trovato il bigodino poco prima della crisi, mentre cercavo qualcosa nel capanno. Non riconosco questo bigodino, non ne ho mai avuto uno cosí bello.

Quando Maria ha visto le mie ferite, mi ha chiesto che cosa fosse successo. Si è presa cura di me in un modo che non avevo mai conosciuto da parte di altre donne. I suoi tocchi sono privi di preoccupazione e di una naturalezza rassicurante.

Giovedí 20 gennaio 1944

Mia madre era una donna severa e timorata di Dio. D'inverno, la mattina presto andava in chiesa a piedi nudi sulla neve e pregava per me. All'epoca i medici volevano sottopormi a una lobotomia: due lunghi aghi d'acciaio sarebbero stati inseriti nel mio cervello dietro i bulbi oculari, e le fibre nervose malate responsabili delle convulsioni sarebbero state recise. Ma mia madre mi portò via dall'ospedale prima che tutto ciò avvenisse e da quel momento in poi cercò di rafforzare la mia salute con i suoi metodi non ortodossi: mi svegliava ogni mattina alle cinque, mi metteva nella vasca di zinco e mi lavava con l'acqua fredda, poi mi asciugava strofinandomi con un panno di tela da sacco e mi rimetteva a letto. Mi era permesso rimanervi per un'altra mezz'ora e, dopo aver fatto colazione, andavo a scuola. Ero un bravo studente, con una straordinaria predisposizione per le lingue. Quando compii dieci anni, iniziai a eseguire i bagni Kneipp da solo, solo a volte mamma controllava se l'acqua era abbastanza fredda. Dopo il mio dodicesimo compleanno non ho piú avuto crisi epilettiche per anni.

Nella storia della nostra famiglia si trova piú volte questa folle malattia. Si dice che anche il monaco benedettino ne soffrisse. Durante una crisi, il contatto tra le cellule cerebrali viene alterato, il che comporta un'alterazione anche dei compiti di cui sono responsabili, come per esempio il linguaggio, le funzioni motorie e la coscienza.

La legge nazista per la prevenzione delle malattie ereditarie definisce "malattie ereditarie congenite" il cretinismo congenito, la follia maniaco-depressiva, l'epilessia ereditaria, il ballo di san Vito, la cecità e sordità ereditarie, gravi deformità fisiche e grave alcolismo. Le decisioni sulla sterilizzazione forzata e sull'eutanasia spettano al tribunale. Io sono stato sterilizzato nel vicino ospedale e, se non sono stato trasferito in un istituto come gli altri e lí ucciso, probabilmente lo devo alla posizione di mio fratello: Alfons è un eroe del nazionalsocialismo per la sua abilità di cecchino; una volta lui e la sua squadriglia sono apparsi persino al cinegiornale.

Domenica 23 gennaio 1944

Anche la crisi di oggi è durata solo pochi secondi e per questo motivo finora me la sto cavando abbastanza bene. È difficile descrivere ciò che provo: mi sembra di scivolare in un assurdo mondo estraneo. Dopo aver preso i farmaci mi sono costretto a mangiare come si deve; in seguito ho sbrigato i lavori necessari in casa e ho controllato le api. Infine ho ripreso a tradurre i testi di Ambrosius, ma poco dopo sono tornato a letto e ho dormito irrequieto fino al crepuscolo.

Ultimamente sto riflettendo su cosa ne sarebbe stato di me senza lo stigma della mia malattia. Forse ora sarei come mio fratello. Avevo sempre voluto essere come lui. Ma *sors est sua cuique ferenda*, ciascuno deve accettare la propria sorte. Non si dovrebbe credere di poter determinare il proprio destino, i propri pensieri e sensazioni. Tuttavia, la vita qui non mi soddisfa piú, nonostante per me sopravvivere sia l'unica possibilità.

A causa dell'epilessia non sono stato arruolato nell'esercito e sono stato congedato anche durante l'ultima mobilitazione, quando hanno reclutato persino anziani e bambini. Alcuni del posto non lo capiscono, pensano che io mi stia sottraendo ai miei doveri. Sono sempre stato un emarginato, forse a causa della malattia che mi ha reso un solitario già durante la giovinezza e mi ha estraniato dalla vita nel mio luogo natio. Per molto tempo mi sono state risparmiate crisi peggiori grazie ai nuovi farmaci, ma ora evidentemente stanno tornando. Lo noto nel fatto che di tanto in tanto le dita della mano sinistra tremano in modo incontrollato e, poiché sono mancino, mi è impossibile prendere appunti. Sono passati anni dall'ultima crisi veramente grave, che mi colpí quando vivevo in Egitto.

Cammino di notte attraverso il giardino fino alla

casetta delle api, appoggio l'orecchio su un'arnia e sento il dolce canto delle api invernali. Sono tutte pigiate una sull'altra, e sono sane. Di giorno ronzano in modo diverso rispetto alla notte, e d'estate in modo diverso rispetto all'inverno; il coro che emettono suona come una melodia dall'oscillazione regolare, prodotta dalle loro alette delicate.

Lunedí 24 gennaio 1944

Ieri notte ho sognato una mattina ad Al-Minya. Ho sentito il severo richiamo del muezzin, ho percepito di nuovo l'aria setosa e ho annusato ancora una volta la donna distesa accanto a me. Mentre sedevamo sulla terrazza del Café Esplanade, il suo volto mi aveva ricordato quello di Amonet, che avevo visto sul rilievo di una necropoli nella calura del mezzogiorno. Quando la scorsi accanto alla rappresentazione di un apicoltore al lavoro, mi avevano colpito i suoi occhi scuri dalle lunghe ciglia.

I raggi del sole cadevano attraverso le tende sul tappeto logoro della piccola camera in cui abitavo negli anni in cui lavoravo come istitutore per i figli di un imprenditore tedesco, il quale mi lasciava il tempo sufficiente per imparare l'arabo, per occuparmi della storia egiziana e per viaggiare per il Paese fino alla Nubia.

Nel sogno camminavo fino al fiume, incontravo uomini sulla riva che caricavano le loro arnie, della forma di tubi d'argilla, su piccole barche con cui di notte remavano controcorrente. Nell'Alto Egitto ha il suo habitat l'*Apis mellifera lamarckii*, che si è adattata alle calde temperature ed è un'ape piccola, molto piú delicata della *mellifera carnica*. È di una bellezza sorprendente, ha bande ramate sul corpo, pubescenza bianca e un pungiglione brillante sull'addome. Le api sciamano all'alba dai loro tubi argillosi, raccolgono il cibo e tornano alle barche la sera. Di notte, gli apicoltori vogano nuovamente vicino alla riva risalendo il fiume, per tornare ad ancorarsi nelle prime ore del mattino e lasciare che le api sciamino con i primi raggi del sole. Cosí viaggiano con le loro colonie risalendo il fiume fino a quando tutti i favi sono pieni di miele e le barche, sotto il peso del dolce carico, pescano cosí a fondo nell'acqua che si girano e si lasciano riportare a casa dalla corrente del fiume.

Martedí 25 gennaio 1944

Oggi è il compleanno di Alfons. Non vedo mio fratello da tanto tempo. Quando aveva appena imparato a camminare, una puntura d'ape sotto l'occhio sinistro gli scatenò una terribile reazione allergica: divenne bianco come un lenzuolo, cadde a terra privo di sensi e giacque nell'erba accanto alla casetta delle api come morto. E davvero rischiò di morire per il veleno di quella puntura, che gli ha lasciato una macchia grande come un girino ancora ben visibile sotto l'occhio. Dopo l'incidente i miei genitori hanno sempre protetto con attenzione Alfons dalle api. Non si è piú avvicinato alle arnie. Io, invece, non ho mai dovuto temere i pungiglioni: le api possono camminarmi sul collo, sulla fronte, sí, persino sulle labbra, non devo averne paura, forse perché sentono che non potrei mai far loro del male, forse anche perché credono che io faccia parte della loro colonia. Quando ero piccolo, i miei genitori temevano che potessi essere allergico come Alfons alle loro punture. Un giorno papà mi mise un'ape sull'avambraccio, percepii il suo pungiglione penetrare nella cute e provocarmi un leggero dolore, vidi la pelle gonfiarsi un po' e arrossarsi. Tuttavia, tollerai bene il veleno, e il leggero bruciore che si diffuse intorno alla puntura fu, in un certo senso, persino piacevole. Questa è l'unica cosa che mi rende superiore ad Alfons. Il fatto che mio fratello non sia mai potuto andare dalle api e aiutare papà, con il tempo, lo ha allontanato da lui.

Mercoledí 26 gennaio 1944

Ho ricevuto l'ultima lettera di Alfons tre mesi fa, dalla sua nuova base. Poco prima della morte di papà, era stato nuovamente a casa per qualche giorno. In seguito la sua squadriglia fu trasferita a Catania, in Sicilia, poi a Mali e a Salonicco, in Grecia, e infine a Gazala, in Libia. In quel periodo pilotava un Dornier Do 217, un bombardiere bimotore impiegato anche per le ricognizioni a lungo raggio e come caccia notturno. Alfons aveva realizzato un piccolo schizzo del suo aereo per me. All'epoca era molto serio e taciturno, non parlava piú delle sue missioni. Come al solito mi portò il mio farmaco, il Luminal, che aveva ottenuto da un medico militare amico e mi promise di continuare a mandarmene. La sera sedevamo nella sua stanza e ci immergevamo nei suoi romanzi di fantascienza. Sognava ancora di diventare un astronauta, un giorno, subito dopo la guerra; raccontò che i nazisti stavano già costruendo razzi, con i quali in futuro, proprio come nei racconti di Hans Dominik, anche gli esseri umani avrebbero potuto volare sulla Luna e su altri pianeti lontani del sistema solare.

La mattina seguente, una piacevole giornata di primavera, andammo al campo d'aviazione, dove decollammo su uno Junkers dalla pista dissestata e in breve sorvolammo la regione dell'Urft; l'ombra del biplano scivolava su prati e colline e disperdeva le mandrie di bestiame. Salimmo piú in alto, volteggiammo in breve sopra Kall e compimmo un paio di giri sulla casa dei nostri genitori; osservammo il grande giardino, il frutteto con i meli e i mirabolani in fiore, e la casetta delle api nascosta sotto le fitte fronde dei frassini. Continuammo a sorvolare le rocce di arenaria fino alla zona mineraria, un luogo selvaggio di crateri e grotte, con i pendii ricoperti di pini contorti, vecchi abeti rossi e betulle. Vedemmo le onde di sabbia bianca di scorie simili alle dune di un deserto arabo. Piú a ovest si estendeva un paesaggio di steppa con bassa boscaglia; i villaggi assomigliavano a isolati zuccherini su una torta. Seguimmo fiumi serpeggianti, sempre piú avanti verso il confine belga, dove si trovano i miei apiari vicino alle rovine romane dei forni da calce, in mezzo a prati incorniciati da siepi di ginepro e biancospino. Da lí facemmo una deviazione verso Malmedy a salutare i nostri parenti: sopra la fattoria del cugino belga Louis mandammo il motore su di giri, cosí che lui corse fuori con la moglie Emma, che agitò felice il suo foulard. Alfons sosteneva di sentirsi davvero vivo solo quando volava, e tutte le sue azioni erano in funzione di questi momenti fluttuanti. Sulla terra, non era altro che un uccello in gabbia. Alfons non voleva parlare di politica con me; sosteneva di non prendere per niente sul serio tutta questa boria nazista e che per lui era importante solo l'aviazione. In quel momento non volevo discutere con lui, e non ne parlammo piú. Quando tornammo dal nostro volo, papà era seduto sulla sua sedia accanto alla casetta delle api. Alfons non osò andargli vicino per paura dell'allergia alle punture. Papà aveva già settant'anni all'epoca; aveva servito nella prima guerra mondiale, era tornato ferito, con una scheggia nella schiena e una cicatrice sulla guancia che scompariva quasi sotto i baffi ispidi. Indossava costantemente un cappello di feltro con una piccola piuma di ghiandaia. Su Jupp, come chiamava Hitler, non si pronunciava.

Dornier Do 217
Equipaggio: quattro uomini; Propulsione: due motori radiali Bramo, 1000 CV ciascuno; Armamento: due mitragliatrici, pivotanti in stazioni laterali, di prua, di poppa e di pancia; Carico bomba: 1000 kg.

Giovedí 27 gennaio 1944

Fa un freddo terribile, venti gelidi e impetuosi corrono sui dorsali dell'Eifel, ricoprendo tutto di una crosta bianca. Le cassette delle api nei campi vengono continuamente spazzate via dalla tempesta, purtroppo non sono, come sarebbe auspicabile, sufficientemente isolate sotto una coltre di neve riscaldante. Temo che le mie colonie possano morire assiderate; quindi, nel pomeriggio, attacco il cavallo alla slitta e mi dirigo ai pascoli, mentre il freddo mi fa gelare i peli nelle narici. Siedo a cassetta avvolto in una coperta, ho annodato la sciarpa attorno alla bocca e indosso muffole spesse in cui tengo le redini. La tempesta si è nel frattempo placata, grandi cirri fluttuano nel cielo, attraverso i quali penetrano ora tiepidi raggi di sole che intessono una trama di luce. Miliardi di sottili aghi di cristallo scintillano sui campi, la neve sotto di essi appare come lucido metallo levigato. Giunti alle arnie sul lago, il cane scopre una pista, scava e annusa e segue una traccia nella neve profonda, scomparendo infine dietro una collina. Nel frattempo, raschio la crosta di ghiaccio dai fori di aerazione, odo il soffice ronzio delle api, e un caldo alito di cera e miele scorre ora attraverso i fori che avevo rimpicciolito in autunno; per un momento ho la sensazione che dei fiori sboccino nell'aria gelida e sprigionino il loro profumo proprio come in una calda giornata di primavera. Ho freddo, spalo un alto muro di neve nella speranza che protegga le arnie dal vento glaciale e impedisca che i fori vengano nuovamente coperti e si incrostino di ghiaccio. Il cane abbaia agitato e comincia a ululare; lo richiamo, ma non mi segue. Solo quando arrivo al cavallo, mi raggiunge di corsa e salta sulla slitta.

Sabato 29 gennaio 1944

Ieri sono andato al Café Blasius, come al solito ho bevuto un caffè d'orzo e mangiato una fetta di torta, che da qualche tempo viene farcita solo con carote o patate. Al caffè ho incontrato Magdalena, la moglie di un ex collega; indossava un cappotto di pelliccia e un cappello grigio. Non mi guardava, si comportava come se non esistessi, nonostante io abbia tre dei suoi bigodini, che tuttavia sono troppo piccoli e inadatti al trasporto delle mie regine. Mi ignorava, parlava con la commessa di lontani parenti di città venuti a stare da lei, di suo marito che è in servizio come ufficiale e la cui richiesta di licenza è stata appena rigettata per l'ennesima volta. Quando ha lasciato il caffè, mi ha colpito velocemente con uno sguardo freddo, senza piú alcuna traccia di ciò che una volta c'era stato tra noi. È bello quando viene Venere, ed è triste quando se ne va.

Aveva ricominciato a nevicare; ho guardato la piazza del mercato, la farmacia, il negozio di scarpe Joisten, il negozio della cooperativa con gli scaffali vuoti, l'ingresso della vecchia biblioteca civica. Per strada passavano sconosciuti cittadini fuggiti in campagna, dove hanno trovato rifugio da parenti.

Piú tardi sono andato in biblioteca, ma neanche questa volta ho trovato alcun biglietto. Non so ancora chi sia la persona che nasconde il messaggio nel mio libro. Ebbi il primo contatto con l'Organizzazione già all'inizio della guerra; all'epoca trovai sulla mia scrivania, tra penne, fogli e matite, un pezzo di carta arrotolato, nel quale mi si chiedeva di cercare in un libro con una determinata segnatura. Era un'idea intelligente, poiché si trattava di uno dei numerosi manoscritti rilegati in cuoio in cui sono registrate le quantità estratte di minerali di piombo e i salari degli operai; nessuno avrebbe avuto interesse anche solo a prendere in mano un volume del genere. Nel libro vi era un messaggio per me con istruzioni dettagliate. Evidentemente l'Organizzazione sapeva della mia buona conoscenza della zona, delle mie idee politiche e della mia costosa malattia e, su queste basi, aveva sviluppato il piano per portare con il mio aiuto i rifugiati oltre il confine. Fui esortato a distruggere quel primo messaggio, come anche tutti i successivi, subito dopo averlo letto. Da allora questo è il mio unico contatto con l'Organizzazione. Non ho idea di chi sia il mio interlocutore, né voglio saperlo. Se fossi interrogato e torturato, non riuscirei a sopportare il dolore e certamente rivelerei tutto.

Domenica 30 gennaio 1944

Nel tardo pomeriggio domenicale sono stato da Sanny alla locanda. Quando sono arrivato, la bevuta mattutina era finita e gli ultimi ospiti si erano incamminati verso casa. Sanny aveva sparecchiato i tavoli e lavato i bicchieri, e li aveva sistemati nella vetrinetta. Poi si era seduta accanto alla stufa all'ingresso. Quando ho aperto la porta e mi sono fermato al buio tra l'ingresso e la spessa tenda di feltro, ho sentito il ticchettio dei suoi ferri da maglia. Sono rimasto lí in piedi in quella piccola anticamera che sa di birra stantia; nell'aria viziata aleggiava l'odore della grappa, delle sigarette e della calce che gli operai del cementificio avevano portato in sala da pranzo sui loro vestiti bagnati. Il tessuto della tenda trattiene i diversi odori e tutti i ricordi. Mi sono rivisto entrare nel ristorante da bambino o fare il bagno nel Rauschen o saltare con Sanny sul balcone sopra la veranda della sala, bagnati dalla pioggia estiva. Avrei voluto rimanere lí per sempre e ascoltare i leggeri e regolari *tic tic* dei ferri di Sanny. Stava lavorando a un maglione per suo marito, è già il terzo o il quarto. A volte mi chiede di indossarlo per vedere la misura: ho piú o meno la stessa taglia di Vallentin, ma lui deve avere le braccia di lunghezza asimmetrica e molto piú corte delle mie, perché c'è sempre qualcosa che non va con i maglioni che Sanny continua a preparargli. Vallentin li ha sempre indossati di buon grado, anche se lo facevano sembrare un po' strano. Al ritorno dalla guerra sarà sistemato per il resto della vita, con tutti questi maglioni. Quando finalmente ho scostato la tenda e sono entrato, Sanny mi ha fatto un cenno e io ho avvicinato una sedia e mi sono seduto accanto a lei, mi sono chinato e mi sono strofinato le mani sopra la stufa calda. Mi fa sempre piacere guardare Sanny. Quando gira per il ristorante a servire i clienti, la osservo di nascosto; i suoi movimenti vivaci ai miei occhi si trasformano in una danza. Si dice che abbia ereditato la sua bellezza dalla nostra bisnonna di Malmedy; sono tutti concordi nell'affermare che le assomiglia come una goccia d'acqua, con quelle lunghe ciglia, gli occhi verdi, i riccioli e la leggera esitazione nella voce. Sanny comincia a canticchiare sottovoce, il suo profumo, che mi dà alla testa, si mescola con l'odore del carbone incenerito nella stufa e con gli altri odori del ristorante. Penso che sia il profumo a rendere seducente il corpo delle donne e a farmele desiderare. Ma Sanny è mia cugina. Al bancone sedeva come unico cliente Kleenbeen, un invalido di guerra ritornato a casa nella primavera del '43 dopo aver perso un braccio sul fronte orientale; la manica vuota è infilata nella tasca della giacca. La testa rotonda di Kleenbeen ricorda una barbabietola da foraggio, con gli occhi ubriachi da topo simili a due piccoli buchi, i peli della barba disordinati, le orecchie cartilaginose, le guance ardenti dall'alcol, come se una fiamma gli facesse brillare la testa di rosso. È solito rimanere lí seduto tutto il giorno, finché la sera sale barcollando alla sua stanza in affitto, si lascia cadere sul letto e si gira e si rigira, sudato e inquieto. La stanza è accanto a quella che preferisco per i miei incontri con Maria, per il grande e comodo letto e, dal piccolo balcone, la vista sul Rauschen.

Lunedí 31 gennaio 1944

Il termometro è sceso a dieci gradi sottozero e la neve è cosí alta che raggiunge la finestra della cucina. Il barile d'acqua sotto la grondaia ha uno spesso strato di ghiaccio, che frantumo infilandovi poi un vecchio palo, in modo che l'acqua non congeli fino al fondo e lo faccia crepare. Quindi prendo la legna dal capanno e la accatasto vicino alla stufa. Come ogni mattina, mi occupo della stalla e porto il fieno al cavallo. Ora scendo giú in paese, non vedo l'ora di sedermi al mio posto vicino alla stufa della locanda, di sentire l'odore di tabacco e bermi una grappa che riscalda. La strada sterrata che porta in paese è impervia in tutte le stagioni. In estate, quando ha piovuto molto, devo sguazzare lungo il sentiero attraverso buche profonde e fosse piene d'acqua, e ora, in inverno, ci sprofondo dentro fino alle ginocchia. Non è proprio un piacere arrancare nella neve, soprattutto prima dell'alba e dopo il tramonto.

Kleenbeen è già appollaiato al bancone; come sempre al mattino ingoia due uova crude da un bicchiere, poi dorme con la testa sul bancone fino a quando qualche cliente entra nella locanda e beve con lui. Durante il giorno da Sanny bazzicano funzionari delle ferrovie, contadini e operai impegnati nella costruzione delle trincee occidentali; anche ora, nel bel mezzo della guerra, la sala è sempre affollata. I racconti si moltiplicano, ma io preferisco usare le orecchie che la lingua. Molitor passa dopo essere stato a pesca, posa la canna sul bancone e trascorre qui i pomeriggi e le serate insieme a Zeiser, agli operai del caseificio e ai pochi cementisti rimasti. Lünebach siede accanto a me, allo stesso tavolo; mi sussurra che ha trovato impronte di stivali vicino alla sua fattoria e che sono scomparse delle uova dal suo pollaio. Nessuno lo dice ad alta voce, ma tutti pensano al soldato americano. Lünebach era un amico di mio padre, perciò mi è permesso usare la sua terra come pascolo per le api. Da bambino passavo giornate intere alla sua fattoria, a giocare con Kurt, uno dei suoi figli. So che sulla sua terra ci sono molti posti dove ci si può nascondere. Lünebach è considerato uno dei piú grandi agricoltori della zona, impiega molti prigionieri condannati ai lavori forzati ma li tratta bene, persino i russi.

Piú tardi arrivano quelli della polizia militare, ancora alla ricerca del soldato. Litigano con i gendarmi della stazione di polizia, i quali pretendono che tutti, senza eccezioni, osservino il coprifuoco. Grazie a mio fratello, io perlopiú vengo lasciato in pace; solo quando tra i gendarmi c'è qualcuno che non è di qui, mi capita di venire molestato. Una volta mi gettarono fuori a spintoni, e continuarono a prendermi a calci anche quando ormai giacevo a terra da un pezzo.

Quando tutti sono andati a casa e Sanny ha chiuso a chiave la porta dietro di loro, io e lei balliamo nella sala buia; facciamo giravolte abbracciati stretti come una coppia di innamorati, seguendo una melodia che lei mi canticchia dolcemente all'orecchio. Poi mi chiede se anch'io sento i grilli frinire nella sala. Non ci sono grilli in pieno inverno, le rispondo; lei ride, mi guarda e dice: «Se fa abbastanza caldo, sí». Quando cerco di baciarla, scuote la testa, la appoggia sul mio petto e piange. E io mi arrabbio con me stesso.

La mattina dopo guardo fuori dalla finestra della mia stanza alla locanda e vedo che il fiume è ghiacciato; la neve danza leggera nell'aria grigia sopra la diga. Sento Sanny suonare il pianoforte sul palco della sala. Sul mio comodino giace un bigodino, al cui interno si trova ancora il piccolo corpo dell'ape; quando lo tiro fuori, scopro che vi sono impigliati dei capelli rossocastani.

Martedí 1° febbraio 1944

Stamattina, mentre andavo in biblioteca, sono passato davanti al mio vecchio posto di lavoro e ho notato gli studenti delle classi inferiori in piedi, in fila per due, davanti alle scale che salgono al portone d'ingresso;

hanno issato la bandiera con la svastica e cantato l'inno tedesco. Le ragazze indossavano gonna blu scuro, camicia bianca, foulard triangolare nero e giacca marrone. Gli alunni sani in età idonea al servizio militare e molti insegnanti nel frattempo sono stati arruolati, e alcuni di loro sono già caduti in Russia o in Africa, le loro bare vuote solennemente sepolte nel cimitero dietro la chiesa. Qui in paese vivono quasi solo donne e bambini, funzionari amministrativi, soldati di guardia, oltre a prigionieri polacchi, russi e ucraini, che sgobbano nel cementificio, nel mulino di Zeiser o nelle fattorie dei villaggi circostanti.

Quel che annoto nel mio diario è solo una proiezione della mia vita, è meno e allo stesso tempo piú di ciò che io stesso sono. Lo stesso vale per la lingua parlata, che è sempre piú della sua resa scritta. Quest'ultima, tuttavia, forse mostra una realtà piú profonda, cosí come una mappa non riesce mai a rappresentare un paesaggio con la massima precisione.

Durante la mia attività didattica, a scuola vi erano cinquecento alunni e trentacinque insegnanti, per lo piú di ruolo; alcuni dei miei colleghi avevano preso parte alla prima guerra mondiale, e molti di loro dopo la presa del potere avevano aderito al partito. Insegnavo storia e latino e mi era sempre piaciuto fare l'insegnante, eppure negli ultimi tempi avvertivo una forte repulsione a entrare nell'edificio scolastico. Nel corridoio che porta alle aule le pareti erano state dipinte con immagini delle divinità nordiche, e in fondo ci accoglieva la grande statua di un guerriero in lucente granito grigio, davanti alla quale gli studenti e anche noi insegnanti dovevamo alzare il braccio nel saluto al Führer. Alla fine fui costretto a rinunciare al mio lavoro. Mi manca; alcuni studenti erano figli dotati di piccoli contadini dei villaggi dei dintorni, e mi piaceva particolarmente insegnare a loro.

Giovedí 3 febbraio 1944

Ha nevicato per tutta la notte, e ho dormito bene. Appena alzato, controllo le api e mi fermo un po' con loro; ogni colonia ha un suo profumo e una sua speciale melodia, un mormorio lieve che si gonfia e si sgonfia, come se innumerevoli voci conversassero in tono flebile e intimo. Sbrigo le faccende necessarie in casa e nella stalla, dopodiché arranco nella neve alta fino in paese. Chiedo all'ufficio postale se è arrivata una lettera di Alfons, ma a quanto pare non stanno proprio piú arrivando notizie dal fronte e sono preoccupato per mio fratello, non so nemmeno dove sia di stanza ora. Nella mia ultima lettera ho dovuto ricordargli di mandarmi di nuovo le medicine. Faccio sempre piú fatica a ottenerle qui: il farmacista mi chiede ogni volta la ricetta, anche se sa che con la mia malattia non posso recarmi da alcun dottore, perché i medici sono obbligati a segnalare i parassiti come me al dipartimento di sanità pubblica.

Sulla piazza del mercato mi viene incontro Maria e subito le prometto di passare a trovarla stasera stessa, perché temo che altrimenti faccia una scenata per strada. Continua a rinfacciarmi di essere andato a letto anche con altre donne. Maria l'ho conosciuta alla locanda di Sanny, dove lavora come cameriera e dà una mano in cucina. Mi piacciono i suoi occhi buoni e i suoi capelli folti e scuri. Si vede già ora che tra qualche anno sarà piú robusta, che avrà le cosce grosse e un fondoschiena pieno. Suo padre era agricoltore a giornata in un podere, e a diciassette anni Maria ha sposato un rude operaio del cementificio, si è trasferita con lui a Kall e ha dato alla luce tre bambini, uno dei quali è morto poco dopo la nascita; il marito è stato arruolato subito all'inizio della guerra e da allora ha avuto solo poche settimane di licenza in famiglia. Perlopiú la incontro nella mia stanza alla locanda. Non voglio che venga a casa mia, non voglio che mi stia troppo vicino; non deve venire a sapere troppo di me o diventare parte della mia vita. Mi racconta cose di cui non desidero sapere niente, mi parla d'amore. Talvolta la insulto, dicendole che non c'è nessun amore, solo desiderio carnale, e che i nostri incontri di sesso non hanno nulla a che vedere con la virtú. Maria non sa nulla della mia malattia, sa solo che non posso concepire figli, che prima lavoravo come insegnante al liceo e ora allevo api.

Venerdí 4 febbraio 1944

La biblioteca civica si trova nell'ex edificio amministrativo della miniera di piombo. Dopo la presa del potere da parte dei nazionalsocialisti e la conversione del monastero in una fucina di ufficiali della Wehrmacht, l'abate dell'epoca diede ordine di trasferire l'intero patrimonio librario, per proteggere i preziosi volumi dalla distruzione e saperli custoditi al sicuro. Cosí una piccola biblioteca di provincia ospita oggi una collezione significativa di scritti medioevali, a cui durante la guerra nessuno, tranne me, è interessato. Ho scoperto che, quando trascrisse la filosofia di Cusano, Ambrosius studiò tra gli altri autori antichi anche filosofi neoplatonici come Proclo. Lo scritto *De beryllo* di Cusano – per poter distinguere ciò che prima era invisibile, si dovrebbe acquisire conoscenza per mezzo di nuovi occhiali, con lenti realizzate in berillo, una pietra preziosa trasparente – è annotato da Ambrosius con osservazioni personali.

Vediamo uguali e diseguali, simili e dissimili. Contempliamo con il pensiero l'assoluta somiglianza dell'indivisibile. Vediamo i diversi gradi di somiglianza, formiamo un concetto di somiglianza estrapolata e in questo senso assoluta e la riconosciamo come la massima e la minima somiglianza allo stesso tempo.

La biblioteca non ha mai avuto molti visitatori, ma ora, durante la guerra, non viene quasi piú nessuno. La bibliotecaria, la signorina Elisabeth, prima era impiegata nella segreteria del mio liceo; poi fino al pensionamento ha lavorato in municipio, dove si diceva che avesse una relazione con il sindaco. È una donna minuta dai capelli grigi, il naso ossuto e le labbra sottili, che in passato erano piú piene e sempre dipinte di rosso. Da studente per un po' sono stato innamorato di lei: aveva qualcosa di sconosciuto che mi attraeva, per il quale a quel tempo non avevo alcuna spiegazione. L'amore è vagabondo e non indugia in nessun luogo: forse è proprio vero. Ogni tanto Elisabeth andava a trovare papà, ma non sapevo bene cos'avesse a che fare con lui.

Al piano terra della biblioteca si trovano le letture di intrattenimento, mentre al primo piano sono catalogati i bilanci della società mineraria e il lascito della biblioteca del monastero. Spesso siedo per ore alla scrivania situata in uno stretto corridoio tra gli scaffali, davanti a una piccola finestra da cui posso affacciarmi sulla diga e sulla segheria. Mi sento a mio agio qui, come le api nei loro favi; anzi mi pare quasi di svolgere, come loro, un lavoro che ci riempie completamente e ci fa dimenticare tutti i pericoli e le minacce. Guardo i binari che portano lontano, l'Urft scintillante che scorre al di sotto del terrapieno ferroviario fino alla diga. A volte sogno, lí alla scrivania, di camminare fino alla stazione, salire sul treno e andarmene via; ma non posso lasciare le mie api, nessuno si prenderebbe cura di loro e sarebbero perdute. Non saprei neanche dove altro potrei vivere ora in Germania: la guerra infuria ovunque, persino la vicina Colonia è devastata e distrutta dalle fiamme, compresi il duomo e la stazione ferroviaria. Già da bambino mi piaceva stare in biblioteca, amo l'odore acre della carta vecchia, impolverata e fragile fino a sbriciolarsi, gli scaffali ininterrotti pieni di libri antichi, gli spessi volumi sull'industria mineraria nella regione dell'Urft e le opere degli autori antichi della biblioteca del monastero. Cerco scritti che siano in relazione con la vita del benedettino Ambrosius. Papà mi raccontava sempre che tra i nostri antenati ci fu un monaco che si innamorò di una bellissima ragazza e per lei lasciò il monastero, si fece una famiglia in uno dei villaggi di montagna nella regione dell'Urft e da allora visse di apicoltura. Papà era sicuro che il nostro amore per le donne e per le api risalisse a questo antenato e che le nostre colonie siano le api di Ambrosius, api speciali, immortali.

Lunedí 7 febbraio 1944

Durante il fine settimana ho lavorato alla traduzione di un frammento latino. Nel 1490 Ambrosius si trovava ancora al monastero, piú precisamente nello scriptorium dove, per ordine dell'abate Johann von Erkelenz, copiava i trattati del famoso filosofo Nicola Cusano. Fratello Ambrosius descrive Cusano come un uomo di imponente statura, i cui antenati erano pescatori della Mosella e che, oltre all'intelletto, era dotato di sensibilità per la vita pratica. Aveva occhi vivaci e guance rosse accese, e amava intraprendere lunghi viaggi su incarico della curia papale, durante i quali poteva abbandonarsi ai suoi pensieri filosofici e svilupparli mentre sedeva a cavallo.

Talvolta m'imbatto in brevi brani che Ambrosius dovette considerare importanti, poiché nel grande tomo del lascito li trovo accuratamente sottolineati.

Per Cusano, il mondo è centro e periferia allo stesso tempo, poiché anche gli antipodi hanno sopra di sé il cielo proprio come noi; dovunque si trovi, ognuno crede di essere al centro. Chi se ne rende conto, raggiunge la piena comprensione, corregge l'apparenza ingannevole. Che la Terra si muove è chiaro per la mente, ma non per gli occhi. Possiamo infatti rilevare il movimento solo se lo confrontiamo con qualcosa di fisso; se non sapessimo che l'acqua scorre e se non vedessimo le rive mentre una nave è in mezzo al fiume, come potremmo percepire che è la nave a muoversi?

In uno scritto del 1463, poco prima della sua morte, Cusano descrive l'essere umano come un geografo e cartografo, che siede in una città con cinque porte, ovvero i cinque sensi. Attraverso queste porte giungono messaggeri da tutto il mondo, che portano all'uomo la conoscenza del cielo e della terra, che egli poi trasferisce sulla propria mappa. Nell'ultimo anno di vita, Cusano affidò le sue ultime volontà al segretario Johann von Erkelenz: dopo la sua morte, questi avrebbe dovuto riportare il cuore del filosofo oltre le Alpi, nella sua città natale.

Ambrosius, in un frammento latino piuttosto lungo, riferisce del suo fatidico incontro con il segretario Johann von Erkelenz, suo mentore e poi abate al monastero di Steinfeld.

Frammento II
Monastero di Steinfeld, A.D. 1489

Ambrosius Arimond

Alle prime ore del mattino nel giorno di Candelora del 1465, quando ero appena uscito di casa per attingere l'acqua al pozzo, alla nostra locanda si avvicinò una maestosa processione, proveniente da Moso in Passiria. Pensai subito che il re o papa Pio II *o un santo, di quelli che la nostra defunta madre tanto spesso invocava, sedesse nella magnifica portantina sorretta da sei uomini. Facchini, soldati con lance e spade, a piedi e a cavallo, sorvegliavano un pesante barroccio trainato da buoi. Su di esso, come scoprii piú tardi, si trovava la preziosa biblioteca del defunto cardinale della curia Nicola Cusano, un tempo vescovo di Bressanone, vicario generale di Roma, legato pontificio, amico e consigliere del Santo Padre. Il cardinale era stato uno dei piú grandi eruditi dell'Occidente: fu il primo a riconoscere che il mondo dev'essere infinito, e che in questo infinito universo tutte le contraddizioni e le contrapposizioni sono quindi prive di esistenza, tanto che né le creature né le cose possono rivendicare priorità l'una sull'altra; tutto ciò che esiste in questo mondo è pertanto ugualmente vero. Sul carro c'erano i manoscritti di Cusano, preziosi libri e strumenti astronomici, le opere complete di Platone e la* Metafisica *di Aristotele nella traduzione latina di Bessarione, oltre ai grandi maestri del Medioevo, gli scritti di Meister Eckhart, di sant'Ildegarda, di Tommaso d'Aquino, il commento di Alberto Magno a Dionigi l'Areopagita, il testamento di Cusano e 1224 talleri d'oro per l'edificazione di un ospizio a Cusa, la città natale del cardinale sulla Mosella. Ma il bene piú prezioso era il cuore di Cusano stesso, che lí era conservato e custodito, avvolto in un involucro di piombo, e riposava in un cofanetto dorato. Durante la sua vita Cusano era stato uno stretto consigliere del papa e aveva guidato i Concilii vaticani per suo conto. Nel 1464 il papa aveva invocato una nuova crociata contro gli infedeli ottomani, designando Ancona quale luogo di raduno dell'esercito e della flotta in partenza. Durante il viaggio il cardinale era morto improvvisamente a Todi, in Umbria. La sua vita irrequieta al servizio della scienza e della Chiesa aveva trovato cosí la sua conclusione con la sepoltura a San Pietro in Vincoli, a Roma. Il cuore di Cusano, tuttavia, doveva essere riportato dove un tempo aveva cominciato a battere e riposare per sempre nella terra del presbiterio della Cappella della Croce a Cusa. Questi erano stati l'ultima volontà e il testamento del cardinale. La chiesa, la biblioteca e l'ospizio che aveva fatto costruire nella sua città natale, Cusano non li vide mai con i suoi occhi. Ma il suo cuore, dopo un lungo e faticoso viaggio attraverso le Alpi e dopo tutti i perigli affrontati, avrebbe finalmente raggiunto la meta prestabilita. A quel tempo non avevo ancora compreso quale ruolo il Creatore Onnipotente mi avesse destinato. Stavo in piedi, irrigidito, davanti alla nostra casa e guardavo la maestosa processione passare lentamente. Ricordo la sagoma affusolata e scheletrica e gli occhi freddi di Johann von Erkelenz, che mi fecero tremare mentre mi esaminavano insistentemente dalla portantina, come se il segretario volesse imprimere per sempre la mia figura nella sua mente, come se avesse intuito proprio in quel momento che Dio aveva deciso di incatenare insieme, indissolubilmente, i nostri due destini, che io sarei stato uno strumento di Dio nella sua mano. In quelle ore antimeridiane, quando la processione fu ormai scomparsa tra le montagne e io lavoravo con le api assieme a Mäthi, il clima improvvisamente cambiò, i monti furono presto avvolti da una coltre di nebbia e da nuvole tetre, la temperatura iniziò a diminuire, fino a quando tutto, anche l'aria, sembrò ghiacciarsi. La strada del passo conduceva la processione al margine di una profonda valle craterica, circondata da una ghirlanda di vette innevate e minacciose.*

Mercoledí 9 febbraio 1944

Ho passato ancora una volta la notte con Maria. Ha pianto, perché la sua coscienza la tormenta. Ma mentre godevamo l'uno dell'altra, c'eravamo solo noi due; in questi momenti riusciamo a dimenticarci di noi stessi, siamo solo corpi che si amano, senza passato e senza futuro, ridotti a un agire privo di spazio e di tempo, e forse è già una felicità sufficiente. Ma quando finisce, Maria si infligge i piú gravi rimproveri ed è cosí disperata che mi è impossibile confortarla; in realtà io non posso confortare nessuno, nemmeno me stesso. Forse è per questo che ultimamente evito di incontrarla.

Intorno alle arnie questa mattina vedo nella neve molti minuscoli puntini scuri, che appartengono alle mie colonie di api. Non appena la temperatura esterna raggiunge i dieci gradi, le api iniziano i loro voli di purificazione. Devono sentirsi congelare, ma poco dopo tornano nell'arnia e si riscaldano vicino alle loro sorelle.

La pietra di arenaria dietro la nostra casa, in fondo al giardino, protegge le arnie dalle tempeste e immagazzina molto bene il calore; per questo motivo papà ha costruito la casetta delle api a contatto con la roccia.

Venerdí 11 febbraio 1944

Qualcuno ha manomesso le mie arnie al lago, dove ho in totale dodici colonie. Da tre di esse è stato rubato il miele, dopodiché i telai sono stati sapientemente rimontati. Per fortuna è stata asportata solo una parte delle scorte invernali, e finora le api sono riuscite a sopravvivere abbastanza bene. Forse a portare via il miele è stato uno dei miei colleghi apicoltori; ad alcuni di loro l'anno scorso è morta per il nosema oltre la metà delle colonie. O forse è stato il soldato americano sopravvissuto allo schianto del Mitchell: alla locanda gira voce che sia ancora nascosto da qualche parte nella zona mineraria. Le tracce conducono sulle alture innevate fin giú alla strada statale, per poi perdersi nel crepuscolo. Temevo che il soldato potesse aver trovato la grotta ed esservisi nascosto. Lungo il tragitto sono scivolato in uno dei tanti crateri lasciati dalle vecchie miniere e ho faticato a uscirne. L'ingresso della grotta è celato dietro cumuli di ghiaia, e da lí una ripida discesa porta fino alla riva del lago, dove si trova la mia zattera. Per la scarsità di ricambio d'aria, d'inverno fa piú caldo all'interno della grotta che all'esterno. Sono andato con la zattera fino al deposito e da lí ho camminato lungo il condotto, la cui uscita si trova dietro la casetta delle api in giardino.

È confortante sapere che non è stato trovato niente. Poco prima che arrivino nuovi fuggitivi, porto sempre al deposito una scorta di generi alimentari. Temevo che le mie tracce nella neve potessero essere scoperte, e sono stato contento quando in serata è ricominciato a nevicare.

Sabato 12 febbraio 1944

Accanto all'ex macelleria ebraica c'è la casa delle SA, le truppe d'assalto; davanti staziona una sentinella, un soldato scheletrico armato di una carabina e con il sottogola del cappello legato sul mento brufoloso. Se ne sta lí come pietrificato, soltanto i suoi occhi si muovono quando passa qualcuno. Il mio cane gli passa accanto e annusa, e io lo richiamo perché ho paura che possa fare pipí lí al posto di guardia. Il cane marca costantemente il territorio; lascia ovunque dietro di sé punti e linee gialle nella neve, e d'estate a volte sparisce per giorni alla ricerca di cagnoline in calore. È talmente pazzo che salta persino dentro le finestre aperte. La strada è fangosa e il freddo umido mi fa rabbrividire; passo sull'altro lato, attraverso il ponte e percorro Bahnhofstraße. Le case hanno ancora appese le bandiere del Reich con la svastica, esposte per la marcia d'anniversario della presa del potere. Nella vetrina della selleria, su un tessuto di broccato troneggia un busto di gesso dorato di Jupp, accanto a modelli dell'aviazione tedesca: caccia e aerei da combattimento, caccia notturni, bombardieri leggeri e pesanti con un carico di bombe di oltre una tonnellata (Dornier Do 335, Messerschmitt Me 410, Junkers Ju 87) e l'Heinkel He 177, l'aereo su cui mio fratello ha volato l'ultima volta. Accanto sono state sistemate delle cartoline di Alfons che ride nella sua uniforme da parata con il distintivo di pilota e la croce di cavaliere con le spade, conferitagli per il coraggio dimostrato nella campagna di Polonia. Su un ritaglio di giornale incorniciato è annunciato in grande che come *Gruppenkommandeur* mio fratello ha già ottenuto la centesima vittoria aerea e che con la sua squadriglia di caccia ha portato a piú di mille il numero degli abbattimenti. Una mappa mostra l'andamento della guerra al fronte e le zone conquistate e, stando a quanto rappresentato, sembra che si stia ancora combattendo fuori Stalingrado e che la città sia sul punto di cadere. In realtà, le nostre truppe sono in ritirata quasi ovunque. Sullo *Stürmer* ho letto che ora stanno cedendo spazio in cambio di tempo, durante il quale vogliono mobilitare le forze per poi attaccare con una grande offensiva. Nelle notti limpide si riescono a vedere all'orizzonte i riflessi rossi delle città in fiamme.

Heinkel He 177
Equipaggio: quattro uomini; Propulsione: motori a pistoni a doppio V12 Daimler Benz, 2950 CV ciascuno; Armamento: sette mitragliatrici, ciascuna pivotante in stazioni laterali, di prua, di poppa e di pancia; Carico bomba: 48 × SC-50 bombe.

Lunedí 14 febbraio 1944

In fila per tre sul campo sportivo i ragazzi si allenano a marciare e a eseguire esercizi ginnici, indossando orgogliosi la giacca con la runa della vittoria sull'avambraccio, il fazzoletto nero con il nodo in cuoio e i pantaloni neri. Tra loro c'è anche Franz. Il figlio di Maria viene a trovarmi di tanto in tanto quando lavoro con le api. Gli racconto la vita e i segreti delle api; è interessato, ma ancora di piú lo affascinano gli aspetti pratici, per esempio come si raccoglie il miele e come si allevano le regine. Franz è un ragazzo sveglio. Fino a un certo punto forse tutti i bambini sono cosí, tutto in loro appare chiaro e puro come una lavagna pulita da riempire con infinite storie belle e avventurose. Vorrei sapere che cosa ci succede, perché lentamente perdiamo la capacità di meravigliarci, fino a quando il mistero del mondo che ci circonda a un certo punto sembra completamente scomparso. Da qualche tempo mi rammarico al pensiero che non avrò mai dei figli, che un giorno sarà come se non fossi mai esistito – come se non fosse mai esistita la bella dea Amonet, i giorni passati nella calura delle dune, poi all'ombra delle tende colorate della mia stanza, il fruscio del papiro sulle rive del Nilo vicino ad Al-Minya, tessere di mosaico di ricordi, come il primo tuffo nel Rauschen, il profumo dell'erba bagnata, la dolcezza del miele vergine e soprattutto il desiderio d'amore –, che tutto questo andrà perduto, come se non fosse mai accaduto.

Mentre siedo al Café Blasius vicino alla finestra, i ragazzi e i membri della Gioventú Hitleriana marciano per le strade cantando. Noto un uomo con un lungo cappotto di pelle che cammina verso la biblioteca, ma non riesco a vederne il volto. Non è della nostra zona, mi accorgo che trascina una gamba e, aggrappandosi alla ringhiera, fatica a salire i gradini dell'ingresso. Alla fine scompare dietro la pesante porta di quercia, all'interno dell'edificio in mattoni. Per un momento sono tentato di seguirlo per scoprire che cosa ha in mente di fare in biblioteca. Ma poi penso che sia meglio non saperne nulla.

Piú tardi vado anch'io in biblioteca per controllare se ho ricevuto un messaggio. Ancora niente! Mi siedo al mio posto e mi accingo a continuare la traduzione del nuovo frammento. All'infuori di me e della signorina Elisabeth, in biblioteca non sembra esserci nessun altro. Ma poi mi pare di udire dei passi tra gli scaffali, e persino il respiro di qualcuno. Quando mi giro, una persona si affretta a scendere gli scalini. Sento bisbigliare, sono le voci della signorina Elisabeth e di un uomo a me sconosciuto.

Mercoledí 16 febbraio 1944

Ha piovuto tutta la notte; il forte crepitio sul tetto di latta del fienile mi ha svegliato, ma mi sono riaddormentato poco dopo. Al mattino presto ha smesso di piovere e, quando il cielo si è schiarito, gli alberi sulla roccia sono emersi dalla nebbia. Ho immaginato quanto sarebbe bello svegliarsi con una donna che si stringe a me con il suo corpo caldo. Gli aerei non si arrischiano con questo tempo ad attraversare le nuvole basse e dense, ma si sentiva un leggero e minaccioso brontolio.

Scendendo in paese, non ho incontrato anima viva. In un giardino ci sono dei panni stesi sul filo, un'uniforme da soldato semplice, camicie e mutande: Moritz Genz è probabilmente arrivato a casa in licenza. Dai cespugli di ribes, dalle siepi di more e dai vecchi alberi da frutta gocciolava la neve sciolta. Sull'acqua alta dell'Urft galleggiavano grandi lastre di ghiaccio, e su una di queste ho scorto un airone cinerino, che ha disteso le ali a qualche metro dal Rauschen e con brevi e forti battiti ha spiccato il volo dalla sua piccola isola; poi si è librato a pelo d'acqua fino a sollevarsi ed è atterrato su uno degli ontani a riva, dove è rimasto appollaiato su un ramo secco, come pietrificato.

Solo nel centro del paese c'era gente. Sulla piazza del mercato ho incontrato la signorina Elisabeth, ma non ci siamo parlati, soltanto salutati di sfuggita. In seguito mi sono pentito di non averle rivolto la parola. Quando entro in biblioteca, a volte ci scambiamo due convenevoli; non riesco a liberarmi dalla sensazione che con ogni frase superflua riusciamo a celare ciò che pensiamo di dover tacere, ciò che è meglio non dire.

La sera la temperatura scende e la pioggia si trasforma di nuovo in neve.

Giovedí 17 febbraio 1944

Ho deciso di tagliarmi i capelli e, mentre aspetto nel negozio del barbiere, sfoglio vecchie riviste e osservo Delamot che rade il collo di un ferroviere, pulendo la schiuma del rasoio sul pollice e facendola schizzare nel catino. Scorro brevemente il *Völkischer Beobachter* e lo ripiego con disgusto. Il ferroviere racconta a Delamot che i treni passeggeri tra Colonia e Treviri trasportano da alcuni giorni anche un vagone merci aperto, su cui è montata una pesante mitragliatrice. Riferisce che il treno ieri è stato perquisito dalla polizia militare, alla ricerca di ebrei che tentino di scappare oltre il confine con il Belgio, e che l'americano è ancora ricercato. Parlano di Heinz Mainz, caduto recentemente in Russia, e di Leo Everhard, e vengo a sapere che Johannes Eppers, uno dei miei studenti, è stato ferito in un'azione di ripiegamento e da allora è disperso. Delamot continua a radere il collo del ferroviere; alla fine posa il rasoio sopra il catino sulla mensola di vetro, prende lo specchietto e gli mostra il collo liscio. Sento tintinnare la campanella della porta del parrucchiere per signora, e una cliente entra nel negozio. Fuori, mezzi militari circolano sulla strada innevata. Vedo nello specchio Delamot contorcere la bocca e strizzare gli occhi nervosamente, togliere la mantella bianca al ferroviere, spazzolargli brevemente la giacca dell'uniforme, accompagnarlo alla cassa e aprirgli con gesto cortese la porta. Prima che sia il mio turno, rimuove con la scopa i capelli dal pavimento. So che ora li spingerà nel buco sotto il secchio, che anche i miei capelli vi finiranno, che si mescoleranno giú in cantina con i capelli di mio fratello Alfons e con quelli di mio padre e di tanti altri. Penso a tutti i bei bigodini nel salone adiacente e ai capelli delle donne; devo avere piú o meno l'età che aveva Ambrosius quando lasciò il monastero. La mia mente torna ad Al-Minya nella valle dell'Alto Nilo, al meraviglioso calore che vi regna in questo periodo dell'anno, ad Amonet con la corona rossa. Vedo la donna di nuovo davanti a me e ho l'impressione di esserle vicino, di poter annusare il suo corpo. Mentre Delamot mi taglia i capelli, mi guardo allo specchio e mi meraviglio della peluria ai bordi delle orecchie troppo grandi, del mio viso, forse intelligente ma anche spaventato, vedo i capelli neri, ondulati sulle punte, che il barbiere sta tagliando, le sopracciglia spesse sopra le orbite. Non ascolto granché mentre Delamot parla e mi danza intorno; mi sembra che non parli proprio con me, ma solo con il mio riflesso sullo specchio.

Venerdí 18 febbraio 1944

La mattina ricomincia a nevicare, il cielo pare una roccia di ardesia friabile e fa cosí freddo che la saliva mi si congela sulle labbra. Ho messo due paia di mutande lunghe e due canottiere, poi pantaloni e maglione, sciarpa, cappello di lana e guanti spessi. Come prima cosa, esco e sbrigo faticosamente le mie incombenze quotidiane.

Nel pomeriggio devo ispezionare le colonie sui prati di Lünebach, temo che le mie arnie siano di nuovo ricoperte di neve. Imbriglio il cavallo davanti alla slitta e parto. Quando arrivo a casa di Maria, Franz è già lí che mi aspetta. Mi fermo, lo faccio salire, lo avvolgo in una coperta e gli passo le redini. Il renano, un vecchio cavallo a sangue freddo, conosce la strada per arrivare alle api; è talmente caparbio che difficilmente si lascerebbe guidare da un'altra parte. Sul suo manto scuro si staglia la criniera chiara, e sulle caviglie ci sono ciuffi di peli dai quali pende la neve ghiacciata. Ci fermiamo sul ciglio della strada e scaliamo il pendio fino alle arnie Langstroth che, come ho correttamente supposto, sono completamente coperte. Di nuovo, alcune sono rotte e nei campi scopro impronte di stivali. Qualcuno si è trascinato incespicando e cadendo nella neve. Spedisco Franz alla slitta e seguo le impronte per qualche centinaio di metri; portano alla zona mineraria, ma a un certo punto mi arrendo, anche perché non so cosa farei se dovessi sorprendere davvero il ladro.

Sulla via del ritorno, all'improvviso nel cielo compaiono degli aerei. Ci nascondiamo dietro un cumulo di neve e insieme guardiamo nel blu privo di nuvole. Identifico ogni singolo velivolo e ne spiego al ragazzo le peculiarità e a quali di esse bisogna fare attenzione. Gli chiedo di chiudere gli occhi e di concentrarsi solo sui rumori, al rombo e all'ululato dei motori e al ruggito sordo, il cui suono fa vibrare il corpo in profondità e rende piccolo e spaventato chi è immerso nella neve. «Se sai che rumore fanno i diversi aerei, puoi nasconderti prima che ti vedano!» urlo contro il baccano. Quando torna il silenzio, tanto silenzio che si sente il leggero scoppiettare dei cristalli di neve che si sciolgono nell'orecchio, racconto a Franz di mio fratello e gli dico che penso sempre a lui quando vedo gli aerei in cielo.

Lunedí 21 febbraio 1944

Lunedí delle rose

Nel fine settimana ho avuto una lieve crisi epilettica; all'inizio ho sentito un indefinito presentimento, ma sono rimasto cosciente. I sintomi sono stati di nuovo un formicolio e un leggero brusio, a malapena percepibile, un sottile ronzio in testa, poi si sono manifestate le allucinazioni: in pochi secondi ripercorro tutta la mia vita, vedo cose che non sono sicuro siano mai accadute, avvenimenti di cui spesso rimane solo un sentore. Quand'è passato, provo persino una sorta di rimpianto per il fatto che è tutto finito. Finché le crisi durano poco, riesco a gestirle e mi riprendo abbastanza in fretta. Ma se insorgono una dopo l'altra o se una crisi dura piú di cinque minuti, c'è il pericolo del "grande male": crampi acuti, poi amnesie o forti disturbi della concentrazione. Ho una paura terribile di perdere il contatto con la realtà, di riportare danni irreversibili al cervello, di morire.

Martedí 22 febbraio 1944

Quando oggi sono andato in biblioteca, con mio grande stupore c'era una nuova responsabile al posto di Elisabeth. L'ho fissata allibito e lei ha abbassato lo sguardo, mentre dall'acconciatura le sfuggiva qualche ciocca di capelli, che subito ha spostato dietro l'orecchio. Ha grandi occhi e lunghe ciglia, e un piccolo neo in rilievo sul labbro superiore, proprio vicino all'angolo sinistro della bocca. Questa donna nasconde qualcosa, quel neo l'ho già visto da qualche parte, ma sono stato strappato bruscamente ai miei sogni quando mi ha proibito di tenere con me il cane. Finora gli era sempre stato permesso accompagnarmi; si sdraiava buono sotto il tavolo, oppure trotterellava vicino alla signorina Elisabeth e le correva dietro come se stesse annusando qualcosa. La nuova bibliotecaria mi ha talmente disorientato che senza esitazione l'ho riportato all'ingresso e gli ho ordinato di rimanere lí. Poi però deve essersene andato in giro per la città e, comunque, piú tardi l'ho ritrovato ad aspettarmi alla locanda di Sanny.

Mi sentivo come se dopo tanto tempo avessi incontrato di nuovo la mia amata di Al-Minya. Sono tornato dentro tutto eccitato, e lei era ancora in piedi dietro al bancone del prestito, con la mia scheda davanti a sé. Il libro ordinato alla biblioteca universitaria di Monaco era arrivato: *Il linguaggio delle api*, del professor Karl von Frisch. La nuova bibliotecaria mi ha avvisato che il termine di riconsegna di alcuni libri era scaduto da tempo. Non ho saputo cosa risponderle; finora non era mai stato un problema, nessun altro era interessato a quei libri, che potevo prendere in prestito per tutto il tempo che volevo. Ci conosciamo, ho pensato, so che ci conosciamo, e lo penso ancora adesso, mentre scrivo queste note nel cuore della notte in uno strano stato di agitazione. Indossava un distintivo del partito con una foglia di quercia dorata sul risvolto. Forse l'ho guardata troppo a lungo, ma non ho potuto fare altrimenti, dovevo studiarla. Le ho assicurato che avrei restituito i libri al piú presto e le ho raccontato che allevo api; il professor Karl von Frisch sta conducendo degli studi all'università di Monaco sulla nosemiasi, che minaccia tutti gli allevamenti di api del Reich, compromettendo cosí l'approvvigionamento alimentare, poiché le api impollinano oltre l'ottanta per cento degli alberi da frutto. Ho continuato a raccontare dei miei studi, del fatto che mi piace lavorare in biblioteca e che occasionalmente vi do anche ripetizioni di latino agli studenti. Su di lei ho scoperto che d'ora in poi si dividerà il lavoro con la signorina Elisabeth, che si è trasferita qui da Berlino con il marito e che è contenta di aver trovato un impiego. Poi sono andato al mio posto e ho letto il trattato sul linguaggio della danza nelle api mellifere. Karl von Frisch ritiene di poter dimostrare che le api comunicano tra loro attraverso una danza simbolica. L'estate scorsa gli ho scritto una lettera in cui lo informavo sulle api locali e gli comunicavo le mie supposizioni sull'insediamento nel tardo Medioevo di una sottospecie di *mellifera carnica* nella nostra regione, una varietà che presenta una particolare resilienza, dato che finora qui non si è manifestato nemmeno un caso di nosema. Il professore non ha risposto alla mia lettera, forse a causa della guerra o perché considera le mie argomentazioni insignificanti o addirittura sbagliate.

Mentre studiavo i risultati della ricerca, la bibliotecaria prelevava dei libri da uno scaffale; sentivo il fruscio della sua gonna e, a ogni passo, mi pareva di percepire lo sfregamento delle calze contro l'interno delle cosce. Mi sono ricordato di Al-Minya, di quando l'avevo incontrata lí, nella piccola stanza d'albergo, dove spingeva il suo corpo morbido contro il mio, premeva le sue labbra sulle mie e si era sdraiata su di me, leggera come la neve che sta cadendo ora.

Un treno è arrivato in stazione passando davanti alla cabina di manovra e i viaggiatori sono scesi e hanno percorso la banchina. In una lunga linea retta, due binari procedono verso il monte Stiftsberg e lí spariscono nell'oscurità. Mi sono ricordato quando, da ragazzo, avevo camminato lungo il tunnel con Alfons e come ci eravamo schiacciati contro il muro quando una locomotiva ci era sfrecciata accanto. Ho pensato a come sarebbe andarmene insieme a lei, salire semplicemente sul prossimo treno, lasciare finalmente con lei la regione dell'Urft e le mie api. Facevo fatica a concentrarmi, mi girava la testa come se avessi appena avuto un'altra crisi e mi fossi svegliato da uno strano sogno. Sono andato di sotto e ho posato il libro di von Frisch sul bancone. Lei si è girata verso di me e mi ha guardato a lungo. Ero imbarazzato, non trovavo niente da dire. Che le succede? ha chiesto preoccupata. Vuole prendere il libro in prestito? Sono sicura che lo restituirà. Intanto sorrideva divertita, e non sapevo perché, ma mi sentivo come uno scolaretto. L'ho ringraziata per l'offerta e ho risposto che mi piacerebbe lavorare in biblioteca; già per le lezioni di latino trascorro regolarmente del tempo lí.

Neanche oggi ho trovato alcun messaggio; suppongo che sia diventato impossibile lasciare questo Paese.

Giovedí 24 febbraio 1944

La Gioventú Hitleriana e i marmocchi stanno di nuovo raccogliendo fondi per il soccorso invernale, tra loro vi sono anche alcuni dei miei studenti di latino: quell'arrogante del figlio del farmacista, il figlio del sindaco e tre figli di contadini benestanti dei villaggi di montagna vicino al confine, che però prendono parte alle mie lezioni solo d'inverno. Franz e un altro ragazzo tiravano il carretto attraverso fitte raffiche di neve e chiedevano di casa in casa carta, vestiti e pezzi di metallo. Quando hanno scoperto la porta aperta di una casa abbandonata sono corsi dentro, scorrazzando per le stanze come selvaggi: hanno strappato la tappezzeria dalle pareti, hanno tirato giú le lampade e le hanno lanciate fuori dalle finestre con gran fragore; poi sono corsi su per le scale sbraitando fino alla soffitta, hanno sollevato la botola e, cosí mi ha raccontato Franz, si sono arrampicati nel sottotetto in preda alla curiosità. In uno scatolone erano riposti piatti d'argento, candelieri, filattèri e paramenti liturgici con ricami colorati. Li hanno indossati, hanno preso i piatti e i candelieri e li hanno sbattuti uno contro l'altro, e hanno ballato e cantato sulle assi polverose del pavimento. Il figlio del sindaco ha chiamato gli ebrei «maiali», secondo lui non sono esseri umani, almeno non come noi. In una delle scatole i ragazzi hanno trovato un portagioie vuoto, sul cui coperchio era incisa in pietra grigia una stella a sei punte. Lo hanno lasciato a Franz, probabilmente perché non ha valore, ma lui me l'ha mostrato con orgoglio e mi ha raccontato che nella scatola ha visto anche delle vecchie foto: bambini in buffi costumi e cuffie da bagno al bacino idrico, donne impegnate nella raccolta delle patate, giovani uomini e ragazze davanti alla giostra alla festa del patrono, e poi gli stessi che piú tardi ballano nel salone di una locanda, al cui alto soffitto pendono ghirlande colorate e lanterne. Ginnaste alla sbarra, un uomo elegante con pantaloni alla zuava seduto orgoglioso su un cavallo. Immagini di ufficiali, di contadini ai mercati del bestiame, di madri con i loro bambini in braccio e uomini che ridono sventolando il cappello, immagini della parata dell'associazione di tiro a segno.

Pagina non datata

Nel censimento del maggio 1933, durante il quale fui nominato commissario per il distretto di Kall Heistert, venne registrata per la prima volta dopo otto anni l'intera popolazione del Reich. Nel fascicolo supplementare erano richieste, tra l'altro, informazioni relative alla professione, al grado d'istruzione, all'origine e al luogo di nascita, anche all'estero. Ogni cittadino aveva il dovere di rispondere in modo veritiero a tutte le domande. Secondo i dati statistici a mia disposizione, all'epoca nel distretto amministrativo di Kall e nei piccoli villaggi della regione dell'Urft vivevano trecentododici ebrei, di cui quaranta bambini in età scolare. Undici delle famiglie ebraiche censite appartenevano all'alta borghesia in termini di posizione sociale e patrimonio: erano medici, giuristi e alcuni ricchi commercianti di bestiame. Gli altri erano calzolai, orologiai, macellai, agricoltori, minatori, operai del cementificio o lavoratori a giornata. A Kall si trovavano quattro macellerie, due delle quali appartenevano a famiglie ebree e le altre erano gestite da cristiani, ma l'appartenenza religiosa non aveva importanza. I macellai ebrei non potevano vivere solo dei loro relativamente pochi fratelli di fede e, ovviamente, avevano anche molti clienti cristiani. Solo quando le prime ronde di boicottaggio si piazzarono davanti ai negozi, gli ebrei persero la loro clientela ariana. Molti decisero di trasferirsi a Colonia o a Bonn, sperando di evitare piú facilmente le misure coercitive e riuscire a sopportare le umiliazioni in una grande città. Altri, suppongo, emigrarono immediatamente nei Paesi europei vicini, in Palestina o negli USA. Nel 1939 vi erano ancora venticinque famiglie ebree in tutta la regione dell'Urft. L'ultima deportazione ebbe luogo il 12 luglio 1942. Quel giorno, la mattina presto, diciotto tra uomini, donne e bambini erano in piedi sulla banchina di Kall, dove la polizia militare li aveva portati con un camion dai villaggi della zona. In coda al treno erano agganciati due vagoni speciali e lí dentro gli ebrei si accovacciarono sul pavimento, mentre una parte dei loro bagagli, che sul treno non ci stava, cuscini, scatoloni e alcune valigie, rimase sulla banchina.

Lunedí 28 febbraio 1944

Negli ultimi giorni nessun biglietto... non so perché. Con il tempo piú mite le api hanno potuto fare brevi voli di purificazione, ma ora durante la notte è tornato il freddo. La regina, nel frattempo, probabilmente ha iniziato a deporre le uova, ogni giorno piú di mille. Dopo che si sono trasformate in larve sul fondo delle celle, vengono alimentate con la pappa reale dalle api nutrici; quindi cominciano la muta, mentre le madri affidatarie eseguono una misteriosa danza sopra di loro. Non ho idea di come le api comunichino nell'oscurità, dal momento che, con la loro ottima vista, dovrebbero affidarsi proprio alla percezione visiva. Forse usano tutti i loro sensi simultaneamente anche per la comunicazione: il senso del tatto alle estremità delle antenne e dei peli, con cui percepiscono anche la piú piccola scossa sui favi, il senso dell'olfatto, il senso del gusto e l'udito. Nonostante non possiedano un organo vero e proprio per l'udito, sembrano tuttavia riuscire a recepire i suoni con le loro antenne e a produrli in diversi modi.

Probabilmente hanno dei sensi che noi non conosciamo affatto; forse possono vedere le vibrazioni piú fini, forse possono udire le sensazioni, tastare i profumi e annusare le immagini. In primavera e in estate, quando la luce del sole penetra attraverso le fessure delle loro arnie, forse hanno un'idea del mondo non visibile in cui hanno vissuto fino a quel momento.

Martedí 29 febbraio 1944

Nel pomeriggio sono andato in biblioteca per studiare di nuovo il trattato del professor Karl von Frisch, il quale afferma di aver dimostrato, con i suoi esperimenti, che le api si trasmettono l'un l'altra con simboli astratti l'esatta posizione della fonte di cibo e la sua distanza. Von Frisch sostiene di aver decodificato questo linguaggio. Già Ambrosius aveva osservato lo strano comportamento di un'ape che torna all'alveare: gira in tondo, dondola avanti e indietro la parte posteriore del corpo mentre le compagne la osservano attentamente, sfiorando la danzatrice con le antenne e indietreggiando solo un po' quando gira su se stessa. Von Frisch è del parere che le api comunichino proprio tramite questo balletto linguistico. Ma forse non sono affatto le singole api, bensí piuttosto il loro intero organismo che parla a se stesso, analogamente a come anche parole e frasi sorgono nell'oscurità del nostro cervello quando le connessioni tra le cellule nervose generano inspiegabilmente dei significati, nonostante cambino continuamente e diventino una sorta di geroglifici fluidi. Non credo che le api dispongano di simboli astratti con cui comunicare tra loro, non credo nemmeno che noi stessi ne siamo capaci. Forse tutto questo è solo una proiezione della nostra mente su un mondo a noi sconosciuto.

La sera ho ripensato alla bibliotecaria che, ho scoperto, si chiama Charlotte. Un bel nome. «*Rêve! Extase! Bonheur!*». Ho la folle fantasia di conoscerla da tempo, in realtà da sempre, immagino di averla incontrata ad Al-Minya, di averla seguita attraverso i vicoli stretti e tortuosi... Lo sogno continuamente. A un certo punto, quando credo di averla persa, si ferma, viene verso di me e mi appoggia il viso sul petto. Passiamo la notte insieme nel mio hotel, la mattina mi sveglio ebbro di sonno, vedo sopra di me il suo bel viso, i suoi occhi scuri con le ciglia lunghe; mi abbraccia e mi bacia. Ricordo due nèi sul suo corpo e il suo inebriante profumo.

Giovedí 2 marzo 1944

Sanny, quando sono solo con lei alla locanda e le racconto di Charlotte, dice che è la moglie del sovrintendente del NSDAP, e che ci sono già abbastanza donne per me a Kall. «Perché proprio la moglie di un alto papavero nazista? O da lei vuoi solo i bigodini?» dice ridendo e mi esorta a stare piú attento con le mie conquiste. «Hai un sacco di nemiche qui, che non capiscono perché i loro mariti e i loro figli sacrificano in guerra la loro vita per la patria, mentre tu te ne vai in giro facendo il galletto, tranquillo e sicuro, senza niente da temere». «Oh, Sanny» le rispondo, «l'incoscienza è cosí dolce».

Nel cuore della notte mi sveglio sudato fradicio, mi sento soffocare. Chiudo gli occhi, cerco di calmarmi; infine mi alzo e prendo le mie medicine. Non basteranno fino alla fine della guerra, nel caso in cui Alfons non dovesse mandarmi piú niente. Il farmacista pretende ogni volta una somma maggiore per l'anticonvulsivante (Luminal), che mi aiuta a bloccare le crisi epilettiche.

Temo che, se rimango senza, la mia malattia dia nell'occhio, e rischio di essere portato via di nuovo come allora… senza piú poter tornare qui. Ho paura di perdere la ragione.

Frammento III
Monastero di Steinfeld, A.D. 1489

Ambrosius Arimond

Gli uomini del villaggio che hanno accompagnato la processione, hanno fatto ritorno e ora siedono nella nostra locanda. Temevano le montagne, con questo tempo, e nessuno di loro sarebbe salito volontariamente di un altro metro. Il passo del Rombo appariva come il muso di un mostro diabolico, da cui d'inverno si leva un soffio di nebbia gelata e le cui fauci sono puro ghiaccio. Ciononostante, cosí ci hanno raccontato, Johann von Erkelenz e il suo seguito hanno continuato a procedere imperturbabili in direzione del passo. I muli arrancavano trottando sul pendio sempre piú ripido; nuvole fitte e minacciose si addensavano sulle montagne scure. Al calar della notte si riusciva a malapena a riconoscere chi stava davanti. In breve gli uomini si ritrovavano nella neve fino alla vita e continuavano a provocare piccoli smottamenti che alla fine precipitavano a valle come enormi valanghe. Sulla strada verso la cima del passo crollarono i primi, che rimasero distesi lí, semplicemente esausti e privi di volontà, arresi al loro destino. I cavalli trascinavano i loro cavalieri nell'abisso, e le grida di coloro che precipitavano riecheggiavano raccapriccianti dal burrone. Alla fine si strisciava in avanti su mani e piedi, o ci si appoggiava sulle spalle del proprio compagno. Quando il piede slittava sul terreno liscio, si perdeva l'equilibrio, si cadeva e si scivolava giú per il declivio, fino a sparire per sempre sotto la massa di neve. Gli uomini in processione non sono riusciti ad arrivare in cima al passo, il carro con i libri e il cuore di Cusano sono scomparsi nell'abisso bianco. Rannicchiati sotto le rocce, nascosti dietro le pietre e distesi in fossi di neve, i pochi sopravvissuti cercavano soltanto di resistere al rigido gelo. Le lance e il legno della portantina erano appena sufficienti a sostenere un piccolo fuoco, vicino al quale Johann von Erkelenz, avvolto nelle sue pellicce e riscaldato dagli abiti della sua servitú assiderata, ha superato la notte da solo, come per miracolo. Al mattino, una fitta nebbia si era posata sulle montagne; i corvi erano già appollaiati sugli uomini morti di freddo, e le temperature si erano improvvisamente rialzate. A ogni passo il segretario sprofondava sempre piú nella neve e, mentre procedeva a tentoni nella nebbia come un cieco, con l'aiuto di Dio ha trovato la via verso il passo e a un certo punto ha raggiunto fortunatamente la riva ghiacciata del lago glaciale. Un mulo sprofondato nel lago ha lanciato un pietoso raglio prima di scomparire negli abissi. In quel momento regnava un silenzio di tomba e, attraverso i banchi di nebbia, von Erkelenz è riuscito a distinguere la sagoma del carro distrutto dalla profonda caduta. Quando ha cercato di strisciare sul ghiaccio per recuperare almeno la scatola con il cuore di Cusano, ha dovuto presto riconoscere che non ce l'avrebbe mai fatta; sicuramente sarebbe sprofondato nel ghiaccio, se avesse tentato di raggiungere il carro. Piangendo, si è inginocchiato e ha implorato che si manifestasse un miracolo.

Venerdí 3 marzo 1944

La Wehrmacht sta trasformando in un bunker di fortuna la vecchia galleria in Sötenicher Straße, il cui ingresso per molto tempo è stato murato. Ora i lavoratori forzati abbattono il muro, tolgono le macerie dal condotto e le spalano sui carri. Chi si riposa un attimo riceve un colpo alla schiena con il calcio del fucile. I sottili abiti da lavoro tremano intorno ai corpi indeboliti degli operai, che la sera vengono di nuovo reclusi nelle baracche della segheria.

Nelle vetrine dei negozi e sui pali del telegrafo sono appese da alcuni giorni delle schede informative con le istruzioni sul comportamento da tenere durante gli attacchi aerei.

Maria era già andata a letto ed è venuta alla porta in camicia da notte. Mi ha tirato velocemente in casa e per un po' siamo rimasti in piedi a baciarci nel corridoio buio. Tremava di freddo, e ho goduto a sfiorare con le mani la pelle tesa e soda del suo corpo nudo, sentire che lei rabbrividiva mentre io mi scaldavo. Ha ricominciato a nevicare.

Quando ho lasciato Maria, ho arrancato stancamente verso casa nella neve fresca; esausto, sono caduto sul letto e mi sono addormentato subito. Ma presto mi ha svegliato il lontano borbottio di aerei nemici che, a giudicare dal rumore, stavano volando ben al di sopra della fitta coltre di nubi. Mi sono riaddormentato e mi sono alzato verso le cinque del mattino; ho visto che giú in città tutte le finestre erano ancora oscurate, ho sentito il fruscio del vento tra la folta chioma del grande e vecchio frassino davanti a casa e il gocciolio della neve che si scioglieva.

Avro 683 Lancaster
Equipaggio: sette uomini; Propulsione: quattro motori Rolls-Royce, 1280 CV ciascuno; Armamento: otto mitragliatrici Browning; Carico bomba: 6350 kg.

Martedí 7 marzo 1944

Ieri notte ho sgraffignato di nuovo uno dei bigodini di Maria dal suo comò, un semplice rocchetto d'argento con una pallina di legno su un elastico; si presta particolarmente bene come scatoletta di trasporto per le mie regine, e inoltre si riesce a fissare perfettamente con una spilla da balia ai vestiti dei fuggitivi. Per ogni fuggitivo di solito ho bisogno di quattro bigodini, in ognuno dei quali inserisco una regina. Ne fisso uno alla spalla, uno al petto e due alle maniche della giacca; questo basta a far sí che un grappolo di api, come un abito di ronzanti perle oro scuro, li ricopra interamente.

Non posso far altro che imprimere cosí profondamente in me il mondo attuale da rendere visibili la sua vera essenza e la possibile felicità. Mi chiedo che cosa raccontano di preciso le api del loro mondo quando nell'oscurità dell'alveare danzano nei favi.

Aspetto impaziente che faccia piú caldo, perlomeno abbastanza da poter aprire per un attimo le arnie nella casetta, dare un'occhiata ai telai e vedere come le mie colonie hanno superato l'inverno. Se dovesse tornare il freddo, tutte le uova e le larve congelerebbero. La nidiata ha bisogno di una temperatura di circa trentotto gradi, e le api invernali ora devono spendere tutte le loro energie per produrre tale calore. Alcune centinaia si infilano completamente all'interno dei favi coperti e, attraverso vibrazioni continue della muscolatura pettorale, generano ulteriore calore, che scorre da minuscoli buchi sui tetti delle celle fino all'interno dell'alveare, mentre le loro sorelle accovacciate sui favi con rapidi movimenti delle ali, simili a piccoli ventilatori, distribuiscono il calore alla colonia.

Domenica 12 marzo 1944

Ieri sera sono andato alla locanda. La polizia militare e i soldati di ronda erano stravaccati in giro, con gli stivali sporchi appoggiati oscenamente sui tavoli. A quanto pare hanno abbandonato la ricerca del soldato americano; ritengono che molto probabilmente sia sepolto in un buco della galleria. L'intelaiatura delle vecchie gallerie è marcia e collassa rapidamente; all'improvviso si precipita in una caverna e la terra che cade ti seppellisce sotto di sé. La polizia militare parla ancora di trionfo, sebbene i russi siano già in Polonia. Nessuno sano di mente può ancora credere alla vittoria. A un certo punto, per colpa di una crisi, devo essere caduto privo di sensi dallo sgabello e rimasto sdraiato, impotente e tremante, davanti al bancone. Piú tardi mi sono svegliato in camera e ho udito il fruscio della diga. Le finestre erano ghiacciate; attraverso i cristalli splendeva il sole che, salendo nel cielo con i suoi pallidi raggi, faceva vorticare nell'aria fredda della stanza la polvere dalla scrivania alla parete. Non volevo piú alzarmi. Ho sognato Charlotte.

Sanny piú tardi mi ha raccontato che sono stati i soldati a portarmi in camera, pensando che fossi completamente ubriaco. «Grazie a Dio non hanno capito i tuoi discorsi sconclusionati» ha detto, e mi ha esortato ancora una volta a essere piú prudente in futuro. Alcuni tipi erano molto pericolosi, ha detto, e non ci si può piú fidare di nessuno.

Pagina non datata

Vicino alla casetta delle api, nascosto nella roccia di arenaria dietro una siepe di biancospino, c'è l'ingresso segreto dei pozzi minerari che scoprii da ragazzo insieme ad Alfons. Il pertugio, che ho poi allargato, aveva un diametro di non piú di cinquanta centimetri. All'epoca immaginammo di aver trovato l'ingresso di un altro mondo, la via per arrivare al centro della Terra, dove vivevano piante giganti e animali estinti da tempo, dove si potevano trovare minerali preziosi, mari sotterranei che ancora nessuna nave aveva mai solcato, e corpi celesti sotto i quali le persone stavano come in paradiso.

Inizialmente cercammo di illuminare il buco con una lampada a carburo, ma riuscivamo a vedere solo a pochi metri di distanza. Poiché ero il piú magrolino, strisciai dentro per primo, spingendo la lampada innanzi a me; in alto, l'arenaria mi graffiava la schiena, e in basso i gomiti, la pancia e le gambe mi spingevano lungo la sabbia. Dopo venti metri il passaggio si allargava, e presto riuscii a rimettermi in piedi. Alfons mi seguí. Eravamo in una delle vecchie gallerie sotto la regione dell'Urft, che ci portava sempre piú a fondo nella montagna e terminava in un pozzo che scendeva verticalmente nella terra e in cui erano cementati dei ganci di ferro. Alfons vi fissò una fune e si calò con attenzione lungo le pareti di arenaria scintillanti di rosso scuro alla luce della lampada che aveva appeso alla cintura di cuoio. Alla fine si trovò in un'enorme cattedrale, dalle cui volte del soffitto scintillavano, come stelle, cristalli di piombo e pirite. Lo seguii di sotto. A circa dieci metri dalla nostra posizione scoprimmo la superficie calma di un lago. Con attenzione camminammo fino alla riva dove, illuminati dalle lampade, ci osservavano sull'acqua cristallina i nostri riflessi grigi, invecchiati di decenni.

La via del ritorno fu piuttosto semplice; ci imbattemmo in una galleria inclinata attraverso la quale riuscimmo a raggiungere la superficie velocemente e in sicurezza. Ognuno di noi aveva un solo pensiero: tornare lí ed esplorare ciò che ci aspettava sull'altra sponda del lago.

E questo avvenne una settimana dopo; ci eravamo procurati tronchi, chiodi e corde, che trascinammo fino al pozzo e buttammo giú per poi affrettarci lungo la galleria. Sulla riva del lago costruimmo la nostra zattera, destinata a portarci nel nuovo mondo.

Ancora una volta, una settimana dopo arrivò il grande giorno. Con attenzione spingemmo nell'acqua l'*Argo*, come avevamo nominato la nostra zattera. «*Velis et remis!*» urlai, sentendoci come gli unici uomini liberi in un mondo di schiavi. Scivolammo silenziosamente sul lago piatto e, quando urtammo il fondale con i remi, si formarono nuvole colorate di sabbia. La luce delle nostre lampade gettava riflessi sulle volte e la corrente ci spingeva sempre piú dentro la montagna, finché raggiungemmo una grotta e lí sbarcammo.

Eravamo arrivati molto vicino alla testa d'elefante, e capimmo quindi di aver scoperto nel nostro giardino un accesso segreto al centro della zona mineraria. Quanto sarebbe diventata importante per me questa scoperta, naturalmente, all'epoca non lo sapevo ancora.

Martedí 14 marzo 1944

Mi sveglio verso le quattro del mattino per il rombo degli aerei che tuonano sopra di noi. I riflettori della contraerea posti sul tunnel ferroviario esplorano il cielo e nei loro percorsi luminosi spuntano per un momento i bombardieri. Poiché non riesco a riaddormentarmi, mi metto a tradurre i testi di Ambrosius, ma il mio greco non è piú cosí buono e l'impegno mi risulta gravoso. Ho l'impressione che gli appunti del monaco benedettino siano solo il lavoro preliminare di un'opera piú lunga che non è mai stata scritta. Johann von Erkelenz è stato posto a capo del vicino monastero, e Ambrosius è incaricato dell'apicoltura monastica, oltre alla sua attività di scrivano per l'abate.

Le mie api raccolgono le dolci secrezioni degli afidi su aghi di abete, pino e abete rosso, e sulle foglie di quercia e acero; raccolgono il nettare fine della fioritura degli alberi da frutto e il nettare forte e acre dei denti di leone, dei girasoli, dei fiori dei tigli e dei castagni. La capra Amaltea nutrí Zeus neonato, stillando nella sua bocca miele e latte. Il miele vergine serviva anche come offerta alle dee Cerere ed Ecate, e con il dolce cibo veniva placata l'ira delle Erinni e dei Mani. Alessandro Magno dispose che il proprio corpo, come quello dei grandi faraoni, fosse imbalsamato con miele e propoli.

Lünebach ieri sera ha raccontato che l'aviatore americano ha probabilmente trascorso del tempo nel vecchio bunker antiaereo che si trova sul suo prato, vicino alla cava. Conosco bene quel bunker, poiché ci giocavamo spesso da bambini, fingendo che fosse la nostra navicella spaziale, con cui viaggiavamo verso le stelle. Dopo aver portato al pascolo le mucche di Lünebach, passavamo la notte lí, guardando attraverso il buco in alto le stelle e immaginando di essere completamente soli in viaggio nel lontano universo. Alfons leggeva ad alta voce i suoi libri sullo spazio, e ci lasciavamo indietro, lontana, l'atmosfera terrestre, con il nostro pianeta a malapena visibile. Aumentavamo ancora la velocità e volavamo verso la luce solare sempre piú luminosa.

Venerdí 17 marzo 1944

La valle dell'Urft è da giorni immersa nella nebbia e nella polvere di calce, e la neve scivola dal tetto e si riversa sul sentiero di pietra vicino alla casa; l'Urft è in piena e sta sommergendo gli isolotti al suo centro. Si sente la puzza dei liquami che dai cumuli di letame colano sulle strade sciogliendo la neve.

Dopo la colazione ispeziono attentamente alcune arnie Langstroth nel giardino. Le colonie sono ancora raggruppate, la iuta sulle cornici riscalda a malapena. Il favo di riproduzione dovrebbe quindi essere molto piccolo. Nel sollevare i telai, il peso mi indica che c'è ancora abbastanza cibo invernale, e non c'è bisogno che io ne aggiunga. Nascondo il taccuino completato nelle cassette e mi sento alleggerito ogni volta che so che si trova finalmente sotto la sicura custodia delle mie api.

Dopo essere stato dalle api sul terreno di Lünebach, per curiosità vado al bunker antiaereo vicino alla cava;

non è lontano dalle mie arnie, proprio ai margini della cava abbandonata vicino a Keldenich. Si tratta di una capsula di ferro cilindrica, che assomiglia davvero alla punta di un razzo. Nel bunker c'è una vecchia sedia traballante, sulla quale mi siedo per un po' a scrivere nel diario, mentre il cane annusa tutt'intorno ululando.

Nella notte ho avuto una lieve crisi epilettica, la quinta dall'inizio dell'anno. Una è durata piuttosto a lungo, circa un minuto, durante il quale mi è sembrato di trovarmi in un altro mondo, in cui un minuto può durare ore o giorni. C'è qualcosa che mi attira in quel mondo: forse è Charlotte, che credo di incontrare lí, ma di cui mi rimane solo una vaga idea. Negli ultimi anni non ho piú avuto crisi; come mai ora sono ricominciate? Forse l'effetto del farmaco si è attenuato, o è colpa del rumore degli aerei, sempre piú forte e minaccioso, e della mia paura. Da bambino, le convulsioni erano scatenate persino da gente che parlava a voce alta, e da qui è nata la mia costante fuga nel mondo silenzioso dei libri. I medici sospettavano solo una forma transitoria e giovanile di epilessia, e infatti dall'età di dodici anni, per molto tempo, sono stato risparmiato dalle crisi.

Sabato 18 marzo 1944

Ieri sera alla locanda è comparso inaspettatamente Vincentini, uno dei miei ex alunni, in licenza per una visita alla famiglia. Racconta che nei primi anni di guerra è stato di stanza in Italia e in Grecia, mentre ora è sul fronte orientale. Secondo lui la guerra è persa da un bel po' e Jupp nel frattempo si è rifugiato nella sua tana del lupo. «Se Democrito fosse vivo, ne piangerebbe» ha detto, citando Orazio. In realtà è «riderebbe», ma le espressioni di Vincentini, anche se sbagliate, hanno sempre il loro fascino. Ora indossa l'uniforme della Wehrmacht, il distintivo d'argento da tiratore scelto e quello per il combattimento ravvicinato; ha due penne di poiana sul berretto, e sul risvolto della giacca è inserita una piccola gondola dorata di Venezia. Con un sorriso malizioso e il sigaro in bocca, si siede sullo sgabello tra Zeiser e me; racconta delle gesta eroiche che ha compiuto al fronte, si passa le dita aperte sui capelli neri e ricci e mi dà amichevoli pacche sulle spalle. Alle superiori, Vincentini era in una delle mie prime classi, un ragazzo sveglio e intelligente ma incredibilmente pigro; per questo aveva lasciato il liceo prima di diplomarsi e aveva tirato avanti con ogni sorta di lavoro, mentre tutti noi capivamo che aspettava solo la guerra per vivere avventure in terre straniere. Prosegue raccontando di aver incontrato Alfons in una trattoria a Salerno. Il grande pilota di caccia, «l'eroe dell'impero!» urla, cosí forte che anche i soldati di guardia lo sentono e vengono a mettersi intorno a noi e lo ascoltano offrire versioni sempre piú ardite delle sue esperienze; io so che sono storie, e lui sa bene che io lo so. Mi fa l'occhiolino, poi rincara la dose stendendo in alto il braccio e continuando a urlare energico: «Heil, Hitler!»; i soldati gli rispondono a loro volta urlando, mentre Vincentini mi guarda serio negli occhi. Lo invidio, vorrei essere sano e spensierato come lui. Gli offrono un giro dopo l'altro, vogliono sentire da lui sempre nuove gesta eroiche, come ha incontrato Jupp, come è stato decorato per aver fatto saltare la testa a cinquecento russi da un campanile con un fucile d'assalto. In realtà avrà prestato servizio nelle retrovie, da qualche parte dietro il fronte, e avrà organizzato qualcosa di poco importante. Se c'è qualcuno che sopravvivrà a questa guerra, è lui.

Pagina non datata

Quando il convoglio speciale con Jupp attraversò la mia regione, ero ancora insegnante al liceo e tutti gli alunni avevano avuto il giorno libero. In Bahnhofstraße e sulle case lungo i binari sventolavano bandiere con la svastica. I veterani della prima guerra mondiale erano in piedi in prima fila con le loro onorificenze sul petto.

Davanti alle arnie, le api si muovevano danzando alla luce del sole che illuminava la roccia rossa con i suoi sassolini bianchi. Esploravano curiose l'ambiente, poiché era la prima volta nella loro vita che si trovavano in questo mondo luminoso e abbagliante, e sembrava che se lo volessero imprimere nella mente.

Delle orchestrine suonavano musica da ballo. La gente era uscita sulle scale delle proprie case o si affacciava alle finestre per intravedere il Führer. Di sotto, vicino ai binari, avevano tutti il braccio alzato in segno di saluto, acclamavano e gridavano: «Heil!» e ancora: «Heil!» dalle gole già rauche. Jupp era in piedi al finestrino aperto del terzo vagone con il viso serio, di pietra, e il braccio destro disteso, con il quale improvvisamente iniziò a gesticolare furiosamente intorno a sé, apparentemente senza accorgersi della folla di persone che urlavano come impazzite.

Domenica 19 marzo 1944

Al bancone sono seduti Kleenbeen, Zehner e Lünebach, Caspary e Molitor. Caspary è proprietario di un'impresa edile e ha aderito fin dall'inizio al partito, dato che c'è molto da guadagnare con gli appalti sulla Linea Sigfrido.

Molitor era il direttore delle cave di piombo fino alla chiusura della miniera.

Ora che i giovani pescatori sono tutti in guerra, dice che ogni pesce dell'Urft e del Kyll appartiene a lui. Tiene la canna appoggiata accanto a sé sul bancone, mentre il cestino con il pesce catturato Sanny lo ha portato subito in cucina a Maria. Si sente l'odore delle trote fritte, e Maria viene a servirgliele al tavolo. A volte Molitor la palpeggia, cerca di allungare la mano sinistra sotto il suo grembiule. Ingoio la rabbia, piú tardi a letto sentirò ancora l'odore disgustoso del pesce fritto sulle mani di Maria.

A un certo punto, a tarda sera, arriva la polizia militare assieme agli uomini di sentinella: appoggiano le carabine alla parete, si mettono a sedere e chiedono di essere serviti. Parlano di nuovo di un aereo precipitato. Io scompaio nella piccola cucina, da lí attraverso il corridoio buio e raggiungo la nostra stanza.

Quando finalmente arriva, Maria accende la luce. La guardo mentre si sbottona la camicetta, scivola fuori dalla gonna e si sfila le calze arrotolandole. Poi spegne di nuovo la luce e si infila a letto con me; tremiamo dal freddo. Per strada la polizia militare sbraita, uno di loro continua a colpire la ringhiera di ferro del ponte.

Tornato a casa, mi sintonizzo sulla BBC: aerei dell'Air Force statunitense hanno attaccato Berlino.

Primavera 1944

Lunedí 20 marzo 1944

Adesso, quasi ogni giorno le unità alleate sorvolano la regione dell'Urft. Per il momento i loro obiettivi sono gli impianti industriali, cruciali per la guerra, nel bacino della Ruhr, le principali arterie stradali e le grandi città.

Mi siedo su un'arnia vuota davanti alla roccia, fuori dalla traiettoria di volo delle raccoglitrici, le quali potrebbero irritarsi se mi trovassi sulla loro strada. Ora devono fare scorta di miele, poiché le previsioni del tempo dicono che presto ci sarà un altro periodo freddo, in cui non potranno lasciare l'arnia. In tal caso qui posso aggiungere dell'acqua zuccherata, ma le colonie al confine belga devono cavarsela da sole contro il freddo. Spero ancora in un buon raccolto di miele.

Nel pomeriggio vado in biblioteca per vedere se ho ricevuto un messaggio, ma il libro che stavo leggendo non è piú sulla mia scrivania. Deve averlo messo via Charlotte, perché la signorina Elisabeth non tocca mai i miei libri. Infatti lo trovo sullo scaffale, senza tuttavia traccia di messaggi. Negli ultimi anni, in questo periodo, ne ricevevo regolarmente. Ovviamente i miei interlocutori sanno che a metà aprile andrò dalle mie api al confine.

Mercoledí 22 marzo 1944

Oggi, dopo la biblioteca, mentre percorro Bahnhofstraße fino alla locanda, conto in alto nel cielo dodici Martin A-22 britannici. Questi cacciabombardieri sono particolarmente pericolosi perché, oltre all'enorme carico di bombe, dispongono anche di mitragliatrici pivotanti posizionate sui lati, davanti, dietro e sotto. Inoltre, scorgo dei quadrimotore Lancaster e Liberator; volano molto piú in alto dei bombardieri britannici e appaiono nel cielo blu come tremolanti pesci d'argento. Sono accompagnati da una flotta di Mosquitos, il cui compito è proteggerli dagli attacchi dei nostri caccia. Arrivati sopra un'area bersaglio, i Mosquitos indicano i punti di lancio disegnando cerchi in aria con delle lampade, nei quali i pesanti bombardieri si dirigono per sganciare da lí le loro bombe esplosive e incendiarie. Qualche giorno fa, Colonia e Berlino sono state di nuovo attaccate da simili formazioni. Quasi tutte le grandi città, nel frattempo, sono state distrutte, sono solo enormi campi di macerie. Ogni attacco causa migliaia di vittime civili; l'obiettivo strategico di questi bombardamenti, ho sentito sulla BBC, è proprio quello di atterrire la popolazione. Gli aerei non sono ancora interessati a noi; volano alti sopra le nostre teste, hanno cose piú importanti da fare, ora, che occuparsi di un paio di persone di una remota cittadina di provincia.

Martin A-22 Maryland
Equipaggio: tre uomini; Propulsione: due motori Pratt & Whitney, 1050 CV ciascuno; Armamento: sei mitragliatrici; Carico bomba: 970 kg.

Giovedí 23 marzo 1944

Sono le due del mattino e non riesco a dormire. Ho la sensazione che un caldo alito di vento mi stia soffiando in testa, un sicuro segno di crisi imminente che, grazie a Dio, non si verifica. Mi alzo e mi metto alla finestra. Penso a Charlotte e mi chiedo perché mi affascini cosí tanto. Penso a lei persino quando sono con Maria o con un'altra donna. Qualche settimana fa, durante una sfilata del NSDAP, ho visto suo marito, il sovrintendente, un grosso fagiano che sembra avere qualche anno piú di lei. Indossava un monocolo, che ha lasciato cadere con un sussulto del viso e ha poi fatto oscillare avanti e indietro sulla pancia, legato a una sottile catenella. Vivono nella villa del produttore di tabacco ebreo, in un grande parco che si estende fino alla sponda del bacino idrico. Mi sdraio di nuovo a letto e sogno i fagiani. Hanno il viso pallido e una corona di pelle nuda intorno agli occhi giallo tuorlo, lunghi ciuffi pennuti e cangianti che ricadono fino al collo rasato, pantaloni alla zuava e giacche delle uniformi, larghe cinghie di cuoio che difficilmente domano le loro pance. Si adornano con spille del partito e medaglie e producono striduli suoni gutturali. La parte inferiore del loro piumaggio ha sfumature brunastre. Le ali, che brillano come fossero di metallo, hanno le estremità appuntite. Immaginano di poter volare e dominare il mondo per mille anni. Le zampe magre sono squamose e color corno, e i lunghi artigli ricurvi si nascondono in stivali di cuoio tirati a lucido. Un tizio cosí ha per moglie Charlotte.

Venerdí 24 marzo 1944

Le api invernali presto moriranno, hanno un aspetto pietoso. Dopo i lunghi mesi gelidi, tutta la loro vitalità si è spenta; sfiancate dal lavoro al servizio della propria colonia, i loro corpicini hanno perso tutti i peli, le ali sono logore e piegate. Spinte fuori dall'arnia dalle loro sorelle, verranno mangiate dai merli e dalle ghiandaie. Le api estive che ne prendono il posto sono un po' piú grosse e hanno il pelo marrone lucido; però, a differenza delle loro sorelle, vivono solo quattro settimane.

La licenza di Vincentini è finita, domenica tornerà al fronte. Le ultime serate le ha passate alla locanda e ha raccontato di nuovo le sue esperienze di guerra, provocando la polizia militare, che non ha osato sfidare un soldato pluridecorato. Credo che avesse una relazione con Sanny, le è sempre piaciuto. Di Vallentin non ci sono notizie, mia cugina teme che possa essere caduto in battaglia.

La sera, alla locanda, sento parlare di un soldato

tedesco il cui cadavere è stato rinvenuto ieri; si dice che fosse un membro della polizia militare, quelli che per mesi hanno cercato il pilota del Mitchell precipitato. Quando è scomparso dalla sua unità senza lasciare tracce, si era supposto che avesse disertato; ora invece si sa che è stato ucciso, poiché il corpo ha diverse pugnalate alla schiena e il cranio fracassato con una pietra. Ormai putrefatto e mangiato dalle volpi, giaceva in un avvallamento al limitare del bosco dov'è precipitato il Mitchell. Dopo il ritrovamento, la polizia militare è stata immediatamente messa di nuovo in allerta: ora è in movimento ovunque e con le pistole mitragliatrici spianate cerca l'americano, aiutandosi con i segugi. Credo che qualcuno lo stia aiutando a nascondersi, altrimenti lo avrebbero già trovato da tempo.

Ancora nessun messaggio in biblioteca. Forse l'Organizzazione non esiste piú, forse si è sciolta o è stata smascherata.

Mercoledí 29 marzo 1944

Fa piú caldo; la regina inizia a potenziare la deposizione delle uova e le api ceraiole si preoccupano di costruire sempre piú celle per le nuove larve. Si accovacciano all'interno del favo e prendono se stesse come misura per le celle. Il loro materiale da costruzione è costituito da minuscole piastrine di cera, che loro stesse producono dalle ghiandole sotto l'addome. Le api si agganciano l'una all'altra con le zampe anteriori e posteriori e danno le lamelle con le proboscidi alle operaie, che terminano la costruzione del favo.

È arrivato Franz; in piedi al banco da lavoro nel capanno, fruga nella scatola dei sigari e mi chiede che cosa ci faccio con i bigodini. «Mi servono come camere di trasporto per le regine» rispondo. Li tira fuori dalla scatola e ne solleva uno di sua madre controluce, come se guardasse attraverso un prisma. Non lo riconosce, ma forse gli è in qualche modo familiare; lo posa e ne solleva altri. Gli chiedo bruscamente di rimetterli a posto, non voglio che si prenda tutta questa confidenza. Tenendolo per un braccio, lo porto a vedere le pergamene su cui sto lavorando. Mi domanda che razza di lingua sia ma poi, senza aspettare risposta, vuole che gli racconti delle api. Vuole sapere com'è possibile che una regina sia prigioniera della sua colonia. Non ho una risposta, la sua vita cela anche a me troppi segreti, e *quodque parum novit, nemo docere potest*, nessuno può insegnare ciò di cui sa poco. Prometto di mostrargli presto una regina, quando farà finalmente caldo e potremo aprire l'arnia senza pericolo per la colonia.

Giovedí 30 marzo 1944

Da ieri il cielo è tornato nuvoloso e per tutto il giorno è stato coperto da nubi di un insolito e opaco grigio chiaro. Ci sono momenti in cui niente sembra avere senso e mancano anche le parole per descriverlo. Le ghiandaie volano sopra la casetta delle api fino ai pini sulla roccia, dove ora al crepuscolo stanno dei caprioli. Da bambino mi arrampicavo sul mio pino preferito e guardavo giú nella tranquillità della valle. Le notizie sui caduti non finiscono mai, eppure tutti credono ancora nella vittoria. *O fallacem hominum spem!* Com'è ingannevole la speranza dell'uomo! È caduto anche un altro dei miei studenti: Friedrich, non ancora diciottenne. Il suono delle campane a morto e i numerosi funerali, che non hanno piú niente di solenne come all'inizio della guerra, sono diventati troppi.

Nel pomeriggio sono arrivati qui in treno, come fossero bestiame, dei prigionieri di guerra russi. Dal mio posto in biblioteca ho potuto vederli mentre venivano spinti fuori dal vagone merci: hanno le teste rasate, i corpi magri ridotti a uno straccio. Li hanno costretti a mettersi in fila sulla banchina e a correre in fila per due fino alla baracca recintata della segheria.

Lunedí 3 aprile 1944

Tra venerdí e sabato ha nevicato, ma domenica la neve si è sciolta nuovamente; nuvole di nebbia che odorano di polvere di cemento si sono posate sulla valle dell'Urft come coperte di lana bagnate. Non ci sono stati aerei da guardare; il rombo sordo, vibrante, crescente e decrescente dei motori rivelava che volavano in alto.

Le mie api sicuramente stanno gelando.

Sono andato in biblioteca e ho parlato un po' con Charlotte. Ogni volta fremo all'idea di vederla; penso decisamente troppo a lei e continuo ad avere l'idea fissa di averla già conosciuta.

Per Pasqua ho preso in prestito i seguenti libri: *De divinis nominibus* di Dionigi Areopagita, *In metaphysicam Aristotelis commentaria* di Tommaso d'Aquino e, di Cusano, *Apologia doctae ignorantiae.* Torno a occuparmi dei frammenti e metto insieme i pezzi tradotti come tessere di un puzzle, lavorando fino a notte fonda. Prima di andare a letto, avvolgo due bricchette con carta di giornale bagnata e le butto nella stufa, aspetto che s'infiammino e metto il tiraggio al minimo. Domani mattina ci saranno ancora le braci, e potrò ravvivare il fuoco con un po' di legna. Se solo le api fossero al caldo come me!

Anche oggi nessun messaggio dall'Oganizzazione, comincio a credere che quest'anno intraprenderò da solo il mio primo viaggio fino ai pascoli delle api al confine. Ma ho bisogno di soldi per i miei farmaci; il farmacista chiede sempre di piú.

Frammento IV
Monastero di Steinfeld, A.D. 1489

Ambrosius Arimond

Per giorni il segretario di Cusano vagò nel paesaggio innevato delle nostre montagne, poi con l'aiuto di Dio raggiunse la nostra locanda. Papà lo trovò sdraiato tremante davanti alla porta, avvolto nelle sue folte pellicce; ben presto furono entrambi circondati dagli ospiti curiosi che avevano seguito fuori mio padre. Lo portarono mezzo congelato nella sala da pranzo, lo adagiarono su un tavolo vicino alla stufa e poco dopo lo trasferirono di sopra, in una delle camere dove di solito pernottavano i portatori di gerla. Il mattino seguente vidi la sua figura scheletrica, stesa febbricitante a letto con le mani giunte, intenta a pregare in molte lingue a me allora sconosciute. Dallo schienale della sedia pendevano i suoi paramenti, un cappello a tesa larga con nastri e nappe, il rocchetto di lino bianco decorato, e un grande bastone pastorale ornato d'oro appoggiato accanto alla porta. Gli portai del brodo caldo, e la domestica gli strofinò il corpo, scosso dalle convulsioni, con il miele delle nostre api. Era stremato. Sulle dita congelate indossava anelli d'oro, e intorno al collo con il pomo d'adamo appuntito e coperto dalla barba era appesa una catena da cui pendeva una croce tempestata di pietre preziose.

Nei giorni seguenti tornò il gelo. La sala da pranzo e le nostre camere erano occupate da portatori di gerla in attesa di un miglioramento atmosferico per attraversare il passo. Ma poiché per il momento il tempo non voleva cambiare, presto s'incamminarono lungo la via che li avrebbe riportati a casa, a valle. Per una settimana Sua Eminenza giacque in un delirio febbrile. Mandammo a chiamare il parroco, che gli amministrò i Santi Sacramenti e spiegò a mio padre quale sommo uomo di Chiesa riposasse nella nostra casa e quale onore fosse potersi prendere cura di lui. Oltre alla domestica, spettava a me occuparmi dell'ospite infermo, che giaceva ancora a letto tremante, in preda alla febbre e al delirio. Quando la domestica gli portò una minestra di miglio perché riprendesse forza, pretese da lei che si svestisse e si sdraiasse accanto a lui per scaldarlo e fargli uscire la debolezza dal corpo. Avevo paura di questo reverendo sacerdote, eppure qualcosa continuava ad attirarmi nella sua camera per origliare i suoi strani discorsi. Parlava con Dio e con i santi e con il suo vescovo Nicola da Cusa, parlava di un carro, del cuore di Cusano, di bauli e sacche di cuoio con libri preziosi, che presto sarebbero affondati per sempre nel lago; parlava delle Crociate, di Gerusalemme e della Terra Santa. Intanto avvinghiava il corpo grassoccio della domestica tremante di paura, come un giovane rospo che si lasci portare nelle acque dove sono deposte le uova. Spesso si svegliava brevemente dai suoi sogni febbrili, cercava di drizzarsi, guardava fuori e chiedeva com'era il tempo; dopodiché cadeva di nuovo a letto esausto e soddisfatto quando gli dicevano che faceva ancora freddo. Sette giorni dopo stava meglio; quando entrai nella stanza, giaceva sulla schiena della domestica e si svuotò dentro di lei; poi, stanco e disgustato, si staccò, la spinse fuori dal letto e dormí come un sasso, senza sogni febbrili. Quando finalmente si svegliò, mi afferrò con le dita nere per il congelamento e, dopo avermi accuratamente osservato, urlò felice e pieno di gioia che Dio mi aveva mandato e aveva grandi progetti per me. Il reverendo segretario si riprese a vista d'occhio, presto si alzò e prese a camminare per la stanza, anche se ancora barcollante. Continuava a guardare in alto verso le montagne, si inginocchiava davanti alla finestra e pregava con fervore. Finalmente aveva iniziato a fare piú caldo, cosa di cui Johann von Erkelenz non si rallegrava affatto, e divenne inquieto e irritabile. Le nostre prime api volarono fuori e dovetti dare una mano a Mäthi, il garzone, con il lavoro alle arnie. Nel bel mezzo delle nostre faccende, il segretario ci sorprese con il progetto di mettere insieme una squadra con la quale partire per il lago ghiacciato. Pretendeva che mio padre, il quale in passato era stato lui stesso un esperto portatore di gerla, guidasse la spedizione e si assumesse la re-

sponsabilità della sua riuscita. Papà all'inizio si rifiutò fermamente, ma dovette acconsentire quando il segretario minacciò di maledirlo e di provvedere a far sí che non rivedesse mai piú la sua amata moglie in paradiso.

Martedí 4 aprile 1944

Quando ieri sono andato all'ufficio postale, c'era una lettera che Alfons ha spedito tre mesi fa. Mi chiede come sto; il medico militare che mi aveva sempre trovato le medicine era caduto e mio fratello spera che in qualche modo me la cavi con quelle che ho ancora. Al momento non sto tanto male.

Alfons scrive di un volo sulle Alpi, del suo dislocamento nel golfo di Salerno, nel Sud Italia, di una donna che ha conosciuto lí e dalla cui famiglia è stato invitato piú volte. Menziona i suoi capelli neri come la pece, la pelle bianca, le labbra piene, il suo girare costantemente a piedi nudi camminando sulle punte, il loro incontro in un piccolo bar dove lei si trovava con le sue amiche, il fatto che si parlano in tedesco. Tutto lascia pensare che Alfons sia innamorato. Ma già qualche settimana dopo la sua squadriglia sarebbe stata spostata di nuovo; la destinazione non gli era permesso comunicarla. Chissà dove si trova in questo momento. E davvero ha incontrato Vincentini in una trattoria italiana? Ha richiesto una licenza, vuole tornare a casa e raccontare, non ha abbastanza carta per scrivere tutto.

Dalla posta sono andato direttamente in biblioteca e, dopo la lezione di latino, ho parlato con Charlotte. Mi ha chiesto perché la guardo in quel modo, ma non le ho risposto. Naturalmente ho un motivo, solo che non oso dirglielo.

Di notte, nel punto dove s'incrociano i riflettori compare uno stormo di bombardieri. La pesante contraerea stazionata sopra il tunnel ferroviario cerca di intercettarli, ma gli aerei scompaiono molto prima che il radar Würzburg riesca a localizzarli.

Mercoledí 5 aprile 1944

Finalmente fa piú caldo, l'erba e la terra profumano di rugiada. Il sole brilla e il cielo risplende di un blu che abbaglia.

Le api ora volano via incessantemente; hanno bisogno di nettare e di polline, che raccolgono zelanti dal salice, dal nocciolo, dai denti di leone, dall'acero e dal biancospino. La covata sembra stia crescendo bene. Grazie all'intensa attività di deposizione delle uova da parte della regina e al rapido aumento della schiusa delle giovani api, la colonia è in costante crescita. Oltre ai voli di raccolta, ora anche la loro voglia di lavorare è di nuovo in aumento. Fabbricano senza sosta nuovi favi, piccole costruzioni esagonali che mi ricordano i caseggiati delle grandi città.

Nelle arnie sul terreno di Lünebach e nelle mie colonie preferite nella zona mineraria rimuovo il vecchio foraggio invernale, ancora coperto, per evitare che venga portato dalle api nelle nuove stanze del miele.

Nascono sempre piú operaie, che hanno l'unico compito di prendersi cura della loro colonia e poi morire. Per le colonie ben sviluppate uso i favi su piú piani, in modo che le api possano espandersi ulteriormente e ci sia spazio per nuove covate.

Da qualche tempo i soldati della contraerea mandano in aria dei palloni di sbarramento, affinché gli aerei a bassa quota s'impiglino nei cavi d'acciaio che li vincolano al suolo.

Giovedí 6 aprile 1944

Giovedí Santo

Domani, Venerdí Santo, andrò finalmente dalle mie api al confine belga, per vedere se è tutto a posto. Per l'inverno avevo sistemato alcune arnie in un fienile di proprietà di Heribert Brück, la cui bella sorella Anna era mia compagna di scuola. Ora porterò le arnie ai pascoli, nei campi di trifoglio e nei prati magri vicino alle rovine romane dei forni da calce, e come sempre le metterò sul pendio dove fioriscono orchidee, ranuncoli, genziane e denti di leone. Quando vado nella zona di confine, mi sposto sempre a tappe per visitare tutte le colonie, pernottando, a seconda del tempo, sul carro o in una locanda o da amici contadini. Faccio questo viaggio cinque volte all'anno: all'inizio della primavera dopo il riposo invernale, per vedere come le api hanno superato la stagione fredda; poi al momento della sciamatura e della raccolta del miele, all'inizio dell'estate; infine durante l'estate e poi in autunno inoltrato, per preparare le colonie per l'inverno.

Già da bambino ci venivo con papà durante le vacanze estive, sdraiato sul retro del carro a guardare il cielo e a sognare. In autunno, invece, papà andava sempre da solo, e a volte rimaneva lontano per molto tempo, forse con una delle sue amanti.

Dato che fino a oggi non ho ricevuto messaggi dall'Organizzazione, questa volta andrò al confine senza fuggitivi; purtroppo, poiché dipendo dai soldi, ora devo comprare di nuovo le mie medicine qui dal farmacista.

Sabato 8 aprile 1944

Sono di ritorno dal mio viaggio prima della domenica di Pasqua. Nelle colonie in alta quota ho trovato solo poche celle per le regine, in cui stranamente non vi erano né uova né pappa reale. Forse l'inverno lassú è stato troppo freddo, e le api non alleveranno regine e non sciameranno. Soprattutto le colonie al confine belga faticano a riscaldare sufficientemente la covata, a causa delle basse temperature, e non possono quindi costruire celle di riproduzione per una nuova regina. Le vecchie comunque appaiono ancora sufficientemente attive e depongono una buona quantità di uova. Le colonie in generale stanno tutto sommato bene e sono già impazienti di ampliare le pareti centrali e costruire i favi di miele. Con alcune colonie particolarmente forti potrei persino allestire un terzo telaio. Ho riparato vecchie arnie e passato la notte sul carro dove, con mia grande sorpresa, mi ha fatto visita Anna. Mi sono svegliato quando mi ha baciato, poi si è infilata vicino a me sotto la coperta e non ci siamo nemmeno accorti del freddo. Quando ho aperto gli occhi era ancora buio, e il cielo era pieno di stelle. La bicicletta di Anna non era piú appoggiata al carro. Piú tardi, sulla via del ritorno, l'ho rivista alla fattoria. Indossava un fazzoletto in testa, un grembiule e gli stivali, e stava andando verso la stalla per rimuovere il letame. Anche suo marito è nell'esercito. Quasi tutte le famiglie hanno padri e figli in guerra, in alcune fattorie vivono solo le contadine, gli anziani, i bambini non ancora in età da partire come soldati e i prigionieri polacchi o francesi ai lavori forzati. In campagna non sono trattati male, a differenza dei loro compagni di sventura in città; sebbene lavorino sodo, durante i pasti hanno il permesso di sedere a tavola con le famiglie. Oggi non vedevo l'ora di incontrare Charlotte ma, contrariamente alle mie aspettative, non era in biblioteca. Perciò stasera mi consolerò un'altra volta con Maria.

Lunedí 10 aprile 1944

Lunedí di Pasqua

Anche stamattina grossi bombardieri hanno volato cosí in alto che, sebbene il cielo fosse privo di nubi, solo a fatica sono riuscito a identificare a occhio nudo i singoli modelli. Ero presso le mie colonie al lago e non avevo un binocolo a portata di mano per riuscire a scorgere i loro emblemi. Quando gli aerei, tra cui ho riconosciuto alcuni grandi caccia americani del tipo B-24 Liberator, sono infine spariti, hanno fatto la loro comparsa i cirri, simili a gomitoli disfatti di infiniti fili bianchi intrecciati.

Nel pomeriggio finalmente ho trovato un messaggio in biblioteca. Perché non prima? Si tratta di due fuggitivi, non potrei comunque trasportarne di piú. Saranno sicuramente altri ebrei che finora sono riusciti a sopravvivere nascondendosi nelle cantine di case bombardate o vuote nelle città; adesso non è piú possibile, e il rischio di morire sotto i bombardamenti o di essere catturati è molto aumentato.

Già da parecchio tempo i singoli prigionieri non vengono piú portati nei lager, no, ora vengono fucilati sul posto. Se vogliono salvarsi, ora devono lasciare le città, preferibilmente andarsene del tutto dalla Germania.

Da oggi ho tempo per sbrigare tutti i preparativi necessari e preparare le cassette delle api per la fuga. I soldi per il trasporto li ricevo dai fuggitivi; ne ho urgente bisogno.

Consolidated B-24 Liberator
Equipaggio: fino a dodici uomini; Propulsione: quattro motori Pratt & Whitney a doppia stella, 1200 CV ciascuno; Armamento: dieci mitragliatrici Browning; Carico bomba: 3600 kg.

Martedí 11 aprile 1944

Nel pomeriggio di nuovo l'allarme antiaereo; tutti cercano ora riparo nella galleria appositamente allestita a rifugio, che si dice essere molto sicura. La cittadina diventa all'improvviso deserta. Io rimango con le api, mi sento tranquillo: il mio capanno, che si trova subito dietro le rocce di arenaria e presto sarà completamente coperto anche dalle fronde dei frassini, è invisibile agli aerei. Posso lavorare in tranquillità a sistemare il nascondiglio per il trasporto dei fuggitivi e non devo temere che passi qualcuno. Ho costruito apposta quattro cassette impilabili, di dimensioni un po' piú larghe e piú alte delle arnie standard; queste ultime le metto su una pedana, in modo che la differenza tra l'imitazione e le arnie vere e proprie non si noti. Un uomo adulto può facilmente infilarsi in un'arnia cosí. Durante il viaggio sul carro è possibile aprire lo sportello superiore; in questo modo i fuggitivi riescono a respirare, guardare fuori o anche lasciare il loro nascondiglio e rintanarsi sotto un telone. Quando qualcuno si avvicina al carro, il cane comincia ad abbaiare; per i fuggitivi è il segnale che devono tornare rapidamente nelle cassette.

Mercoledí 12 aprile 1944

Ora vado in biblioteca tutti i giorni, per controllare il messaggio successivo: devo sapere esattamente quando i fuggitivi saranno al punto di consegna alla Torre Malakoff, un impianto d'estrazione in disuso che si trova al centro della zona mineraria, vicino all'ingresso a imbuto della miniera di piombo; per arrivarci c'è solo una strada percorribile, che termina in un vicolo cieco nei pressi della miniera. Per decenni i minatori hanno scavato l'enorme cratere del diametro di cinque chilometri, che scende in terrazze successive fino a cento metri di profondità. Migliaia di operai hanno spalato la terra contenente piombo da un gradino al successivo, al ritmo di un tamburo. Nell'imbuto e sui cumuli di sabbia di piombo e scorie, ora prosperano estesi campi di erica. A fine estate è come se il blu del cielo cadesse sulla terra. Il miele dell'erica ha un gusto gradevole, un po' amaro, e ho clienti a cui piace particolarmente. Quando le api sciamano e volano verso la zona mineraria per radunarsi lí, il piú delle volte le considero perdute, poiché il pericolo di sprofondare in una delle vecchie gallerie è troppo alto anche per me. Le api si cercano poi dei nidi nei buchi degli alberi o nelle nicchie delle rocce e tornano a essere api selvatiche.

Giovedí 13 aprile 1944

La sera, ubriaco, ho raggiunto il bacino idrico, mi sono seduto sul pontile e alla fine mi sono addormentato al leggero sguazzare delle onde. Al risveglio, l'acqua luccicava al chiaro di luna.

Nel pomeriggio ho trovato un nuovo messaggio in biblioteca. Mi è stato comunicato di andare a prendere i rifugiati già dopodomani, cioè sabato pomeriggio, alle cinque alla Torre Malakoff. In nessun caso mi è permesso arrivare in anticipo, in modo che i miei complici nell'organizzazione della fuga possano allontanarsi in incognito. Per motivi di sicurezza posso vedere sempre solo i fuggitivi, mai coloro che li stanno aiutando.

Sulla via del ritorno dal lago sono passato davanti alla villa, mi sono fermato nella radura e ho guardato le finestre illuminate. Da ragazzino mi ero fermato all'ingresso con mio padre; una signora era scesa dalle scale e mi aveva incaricato di portare il miele al personale della cucina. Quand'ero tornato, i due stavano parlando in una lingua a me sconosciuta e io mi fermai accanto a loro, sconcertato; mio padre in quel momento mi era completamente estraneo e cominciai a odiarlo. Anche se all'epoca non capivo una parola di francese, sentivo che erano molto intimi. Alle mie domande mio padre rispose semplicemente che aveva imparato quella lingua durante la prigionia. Oggi lo capisco, perché nessun amante bada alle convenzioni.

Un'auto è entrata nel vialetto e, dietro uno dei finestrini illuminati, credo di aver riconosciuto Charlotte.

Sabato 15 aprile 1944

Oggi, all'orario convenuto, ho preso in consegna alla Torre una donna sui quarant'anni e una bambina, entrambe impaurite e accovacciate con i vestiti bagnati sotto un telo da pioggia.

Alla miniera di piombo, le conduco giú lungo i sentieri stretti e tortuosi del ripido imbuto. La bambina indossa stivali di gomma troppo grandi con il gambale tronco, che continua a perdere. La donna sembra malata, ha il volto cinereo e la voce flebile, quasi impercettibile; il naso risente di una passata frattura ricomposta male. La donna deve fermarsi piú volte a riposare durante la discesa verso il fondo, dove si trovano sei delle mie colonie. Da lí il sentiero prosegue attraverso estesi campi di erica fino alla testa d'elefante, sotto la quale si trova l'ingresso del nascondiglio. Ordino a entrambe di camminare dietro di me e di non allontanarsi dal sentiero, perché si rischia di sprofondare in una delle vecchie gallerie. La bambina si ferma esausta, ha perso di nuovo lo stivale, piange e si rifiuta di continuare. Le tolgo anche l'altro e me la carico sulla schiena. Nonostante abbia almeno dieci anni, è leggera come una piuma.

Arriviamo infine all'ingresso sotto la testa d'elefante, che conduce al lago sotterraneo. Saliamo sulla zattera e raggiungiamo il pozzo, dove si trova un giacimento esaurito. Mi sono già occupato delle provviste; all'occorrenza è possibile rimanere nascosti qui per alcune settimane, perciò può essere che le mie due fuggitive debbano resistere a lungo, finché non ricevo finalmente il messaggio che mi informa su quando sono attese al confine.

Mercoledí 19 aprile 1944

Le colonie indebolitesi durante l'inverno si sviluppano lentamente, e dunque le raccoglitrici non sono ancora pronte ad accettare i telai di ampliamento, ma immagazzinano molto polline e nettare intorno ai nidi della covata; lo spazio per la deposizione delle uova è limitato. La mia speranza di raccogliere ancora una parte del miele primaverile piú chiaro dipende ora dai fiori della robinia e del corniolo, che sbocceranno piú tardi.

Le fuggitive sono nel nascondiglio da tre giorni, cerco di far loro visita il piú spesso possibile, soprattutto al mattino. Lungo l'accesso piú rapido dal mio giardino porto loro del cibo; non è molto, procurarsi prodotti alimentari, ormai rigorosamente razionati, diventa sempre piú difficile e, per quanto i frutti del mio orto per me siano quasi sufficienti, in questo momento c'è troppo poco di tutto.

Striscio nella galleria attraverso l'apertura dietro il capanno; è lo stesso modo in cui al momento opportuno porterò le fuggitive fino al carro nel fienile. Sono soltanto dieci minuti di strada. Trovo entrambe accovacciate al buio, perché le ho pregate di servirsi della luce con prudenza. Sento la bambina chiedere continuamente notizie dei suoi genitori. La donna mi implora di portarle finalmente oltre il confine. Ha molta paura e continua a dire che preferirebbe morire piuttosto che cadere di nuovo nelle mani dei nazisti.

Giovedí 20 aprile 1944

Piove di nuovo. Siedo al Café Blasius e guardo verso la piazza del mercato, dove ha luogo la sfilata per il cinquantacinquesimo compleanno di Jupp. Gli scaffali del panificio sono vuoti, poiché non c'era farina disponibile per infornare; ma almeno si respira ancora un po' il profumo di lievito madre e farina di frumento e segale macinati assieme. La commessa mi porge un surrogato di caffè, acquoso, fatto con la cicoria, che sa solo di acqua e ha il retrogusto amaro dell'ortaggio comune. Sottobanco ottengo una piccola fetta di torta di farina di barbabietola, addolcita con il mio miele. Non c'è nessun cliente, dato che oggi non c'è nulla da comprare.

Sulle case intorno alla piccola piazza e lungo Bahnhofstraße sventolano le bandiere; naturalmente, c'è una bandiera del partito appesa anche all'appartamento del farmacista. Ogni volta che entro nel suo negozio, sostiene con arroganza che il prezzo delle medicine è aumentato di nuovo ma che, in ogni caso, non gli è permesso darmi alcun farmaco. Purtroppo questo è vero: per quelli come me non esiste il diritto di cura, devo trovarmi da solo il modo per sopravvivere qui. Il farmacista afferma in maniera ipocrita di avere grosse difficoltà a procurarsi i costosi anticonvulsivanti; le sostanze fenobarbital e fenitoina, dice, sono prodotte in piccole quantità, dal momento che nel Reich non c'è quasi piú nessuno affetto dalla mia malattia. È un uomo secco con la testa a forma di fagiolo, e i suoi occhi freddi guardano attraverso lenti con la montatura in metallo.

Odio il modo in cui appoggia sul bancone entrambe le mani con le unghie mangiucchiate, e sono sicuro che ha una scorta dei miei farmaci, perché sa che devo assumerli regolarmente.

Lunedí 24 aprile 1944

Le fuggitive sono nel nascondiglio ormai da due settimane, e vado il piú spesso possibile a controllare come stanno. La bambina giace da giorni apatica tra le braccia della zia, e ho il timore che la donna si azzardi a uscire per vedere la luce del giorno e finisca per sprofondare in una galleria nella zona mineraria o per venire catturata e tradirmi. Non ha contanti, solo gioielli, che non prendo molto volentieri perché non so cosa farmene. Già da tempo il farmacista non mi dà piú i miei farmaci in cambio di gioielli. Una parte degli oggetti di valore la vendo a Sanny; anche da lei ricevo meno di quanto valgano, ma ho urgente bisogno di soldi.

La donna mi chiede di procurarle delle sigarette. Alla bambina, qualche giorno fa, ho portato uno degli ultimi gatti che mi sono nati, una femmina, ma è già troppo grande per affezionarsi. Non appena lei la lascia andare corre via, scompare nel buio e torna solo quando ha fame.

Nel pomeriggio vado in biblioteca, nella speranza di trovare finalmente l'indicazione di quando devo partire per il confine. Osservo Charlotte seduta alla sua scrivania. Cos'è che mi affascina cosí tanto di lei?

I lavori per il trasporto sono quasi terminati. Oltre alle due esche in cui si troveranno le fuggitive, porterò con me altre tre colonie ben sviluppate, per un totale di centoventimila api, un vero e proprio esercito di guardiane; nessuno può farci del male, dico sorridendo alla bambina per toglierle un po' di paura. Tuttavia, la donna mi preoccupa.

Martedí 25 aprile 1944

C'è nebbia e fa freddo, di tanto in tanto ricomincia a nevicare. Le mie api ora hanno bisogno delle scorte di miele principalmente come carburante, come fonte di energia per generare il calore necessario nell'arnia; sono come piccole stufe che devono essere continuamente alimentate. A causa del cattivo stato di sviluppo delle colonie e del clima fresco previsto anche per i prossimi giorni, posticipo il prelievo della camera di covata di una settimana e aggiungo acqua zuccherata, perché ciò che la natura rifiuta, la cura può fornire, come dice Cornelio Gallo.

Sulla via del ritorno osservo gli scontri aerei nel cielo sopra il Kroppel; gli agili caccia monomotore scendono ad alta velocità sugli aerei nemici, in picchiata, quasi verticali, e nello stesso tempo le loro sirene applicate al carrello di atterraggio ululano in modo terrificante.

Il pacchetto di sigarette americane che mi sono procurato da Sanny, in cambio di due vasetti di miele, quasi certamente proviene da un aereo abbattuto. Alla locanda si racconta che un soldato americano è stato fatto prigioniero e subito ucciso. All'interno del nascondiglio fa piú caldo che all'esterno, ma è molto umido; la donna ha le dita tumefatte, riesce a malapena a muoverle e non ce la fa ad accendersi da sola la sigaretta che le porgo. Mi chiede com'è il tempo fuori, mi prende la mano, la stringe e se la porta alla guancia, mi ringrazia ancora e ancora e cerca di trattenermi. Io voglio andarmene, lei piange.

Mercoledí 26 aprile 1944

Continua a piovere. Le api rimangono nell'arnia e il loro sviluppo procede lentamente.

Si sfiniscono per mantenere il calore costantemente alto e per rifornire la covata come meglio possono, e cosí non riescono a impegnarsi nella produzione del miele. Probabilmente quest'anno non avremo molto miele primaverile.

In un controllo a campione non ho trovato alcun accenno di nosema, solo poche api aggredite alla trachea da minuscoli acari giallastri, difficilmente visibili a occhio nudo, che le rendono incapaci di volare. Le api infestate strisciano disperate nell'arnia con l'addome che sussulta straziato. La femmina dell'acaro depone le uova e abbandona l'ape ospite. In un'ape invernale longeva sono stati trovati fino a cento acari. Credo che l'inizio tardivo della covata di quest'anno abbia rallentato anche lo sviluppo dei parassiti.

Verso mezzogiorno ho fatto un salto al nascondiglio, per portare alle fuggitive dei cavoli navoni e un po' di strutto e pane; non ho bisogno di portare da bere, l'acqua del lago è potabile. La donna si stava lavando nel lago e deve aver visto il bagliore della mia lampada, poiché è uscita in fretta dall'acqua e si è coperta tenendo il vestito davanti a sé. Ha parlato di strane apparizioni verdastre sul soffitto, che si riflettono nell'acqua come piccoli lampi, e mi ha chiesto se nel lago vivono pesci pericolosi. Con le labbra serrate e tremanti mi ha pregato di restare con lei.

Nel pomeriggio ho dato due lezioni di latino nella sala di lettura della biblioteca. Alla fine ho scambiato due chiacchiere con Charlotte e, mentre parlavamo, ho notato sulla sua scrivania alcuni dei miei libri nascosti. A quanto ho potuto vedere erano opere di Alfred Döblin, Sigmund Freud, Maxim Gorkij e Rosa Luxemburg. Mi sono sentito colto sul fatto, ma Charlotte mi ha tranquillizzato dicendo di averli trovati per caso; i libri non avevano alcuna segnatura a indicarne la collocazione, ed era sorpresa che la signorina Elisabeth non se ne fosse accorta. Ho cambiato argomento e le ho raccontato del mio lavoro di traduzione. Charlotte ha mostrato interesse per i miei studi, cosí le ho spiegato che la specie di api di questa zona proviene presumibilmente da una regione delle Alpi italiane e si è insediata qui fin dal sedicesimo secolo; le ho raccontato che il punto di raccordo è l'apicoltura del vicino monastero e che, a mio parere, la specie locale potrebbe essere resistente alla nosemiasi.

Venerdí 28 aprile 1944

Il sole ora sorge alle sei del mattino e i suoi raggi raggiungono presto la casetta delle api; un vento mite sfiora mormorando le graminacee, le ragnatele bagnate di rugiada tremano tra i rami, gli uccelli cinguettano, le zanzare danzano alla luce del sole. Le api ora raccolgono polline e nettare instancabilmente, dalla mattina alla sera. Il polline che portano nell'alveare stimola la regina ad aumentare nettamente la produzione di uova. In alcune colonie ho già tolto dai telai la prima covata disopercolata di fuchi. Troppi fuchi non vanno bene per l'alveare; sono utili solo per la riproduzione, altrimenti occupano spazio, consumano il miele e insozzano la tana con i loro escrementi. Ciò significa che, oltre alla cura delle larve, le operaie sono impegnate sempre piú intensamente a pulire l'alveare dalle impurità.

La gatta è uscita dal nascondiglio e ora è seduta vicino all'arnia, al di sotto di un foro, e colpisce con la zampa le api che ritornano e fluttuano davanti all'alveare. Le guardiane si radunano, prendono la rincorsa, poi le si schiantano contro ad altissima velocità e la tempestano di punture sul naso e in un occhio. Se il tempo rimane cosí, presto tutti i favi si riempiranno di covate e di cibo e le operaie inizieranno la costruzione delle celle delle regine, che vi cresceranno nel giro di un paio di settimane. Quando la prima cella sta per schiudersi, la vecchia regina lascia l'arnia con una parte della colonia per fondarne una nuova.

Dopo la colazione e il lavoro con le api sono sceso in biblioteca.

Non è ancora giunta alcuna istruzione per la consegna delle fuggitive al confine, e senza istruzioni non posso organizzare il trasporto. La grotta è fredda e umida, e sicuramente è difficile resistere per giorni e notti cosí sole. La donna si aggrappa a me ogni volta che me ne vado, piange e non vuole assolutamente lasciarmi andare.

La sera sono andato a trovare Maria; i suoi figli stanno trascorrendo le vacanze di Pasqua in un villaggio di montagna con i nonni, e noi possiamo divertirci a casa sua. Dalla camera da letto di Maria si sentono incessantemente sferragliare i treni che passano con i loro carichi di materiale bellico diretto al fronte occidentale; carri armati e cannoni rotolano dai treni merci sulla rampa e per tutta la notte i lavoratori forzati scaricano armi e casse di munizioni. Al mattino presto ululano le sirene, ma io resto a letto con Maria, perché dal rumore degli aerei riconosco che le unità voleranno sopra di noi solo di passaggio.

Sabato 29 aprile 1944

Alla locanda si racconta che sono state trovate nuove tracce del pilota americano; sicuramente presto ritorneranno le squadre di ricerca che, questa volta, dovranno setacciare anche la zona mineraria. Zeiser ha suggerito che io ne assuma il comando, dal momento che nessuno conosce la zona bene quanto me. Il soldato americano mi sembra un fantasma, ma in realtà ci dev'essere davvero qualcuno che si trattiene in quella zona, e dunque le fuggitive non possono rimanervi ancora a lungo. Speriamo che arrivi presto un messaggio; devo sapere di preciso per quando è prevista la consegna, non posso semplicemente andarmene con loro a caso. Inoltre, raggiungere il confine diventa ogni giorno piú difficile.

Quando dalla locanda di Sanny sono arrivato alla casetta delle api per vedere se tutto andava bene, dall'arnia n. 12 mi è giunto il canto di guerra adirato della vecchia regina, che suona come un lontano e argentino squillo di tromba, un canto rabbioso che lascia intuire la sua debolezza e la sua caducità. Con richiami striduli, fischi attutiti dall'opercolo delle celle, le rispondevano le regine giovani, che vogliono finalmente assumere la reggenza. Ma le operaie non le fanno uscire, le ritengono ancora troppo deboli per una battaglia e sanno che la vecchia regina le ucciderebbe tutte con il suo pungiglione. Solo quando saranno abbastanza forti da misurarsi con lei potranno lasciare l'alveare; fino ad allora le operaie continuano a ostruire le celle con la cera.

Lunedí 1° maggio 1944

Nel pomeriggio ho finalmente trovato il tempo di analizzare i miei appunti degli ultimi anni sulle colonie e di riflettere su quali utilizzerò per la progenie delle mie regine.

I criteri per me importanti sono:

Produzione di miele
Mitezza
Opercolatura
Resistenza alle malattie
Longevità
Capacità di difesa
Frequenza di sciamatura
Capacità della regina di produrre uova

L'anno prossimo, molto probabilmente, prenderò le regine dalle colonie al confine, anche se la loro mitezza e la loro frequenza di sciamatura non hanno i valori piú alti. In compenso ottengono i migliori risultati negli altri criteri, come la capacità di produrre uova, la qualità del miele e la resistenza alle malattie. La prossima primavera le colonie al confine dovranno allevare molte nuove regine e sciamare in maggior quantità.

Mercoledí 3 maggio 1944

Oggi, finalmente, trovo nel mio libro la segnatura del volume in cui è nascosto il messaggio che aspettavo ormai da tempo, ma non posso andare subito a prenderlo, perché in via eccezionale sono al lavoro entrambe le bibliotecarie. Girano indaffarate tra gli scaffali, apparentemente impegnate in qualcosa di simile a un inventario, e la signorina Elisabeth si trattiene addirittura a lungo nella sezione mineraria. A un certo punto si presenta l'occasione e riesco a recuperare il messaggio dal volume indicatomi. Tra una settimana, martedí 9 maggio, alle dieci del mattino le fuggitive troveranno qualcuno ad attenderle al confine belga. Dovrò preparare tutte le cassette delle api e le arnie Langstroth sul carro nel fienile la sera precedente. Farò uscire dal nascondiglio prima la bambina e poi la donna, le guiderò lungo le gallerie inclinate fino al giardino e da lí al fienile. La donna mi sta chiedendo da giorni quando sarà il momento, è nervosa e mi fissa angosciata, temo che durante il viaggio all'improvviso scoppi a urlare in maniera isterica o compia qualche gesto che possa tradirci. Ho già selezionato le regine e le ho collocate con cura nei bigodini. Prima che le fuggitive si issino nei loro nascondigli, fisserò i bigodini ai loro vestiti con le spille da balia. Racconterò alla bambina la storia delle regine e dello sciamare delle api, la tranquillizzerò, non deve aver paura: se le api dovessero volare verso di lei, significherà solo che vogliono proteggerla. Le fuggitive si infileranno poi nelle arnie Langstroth appositamente allestite.

Martedí 9 maggio 1944

In tarda serata sono partito per il confine con le colonie di api e le fuggitive. Stranamente nessuna delle due si è spaventata di avere le api regine addosso. La bambina voleva salutare la gatta, ma non è venuta; perciò le ho promesso di prendermene cura e di salutarla da parte sua. Ho chiuso le cassette e le due fuggitive si sono accovacciate dietro i falsi favi; in ognuno ho praticato una fessura all'altezza degli occhi, attraverso la quale possono guardare fuori. In una delle altre cassette si trova una piccola parte dei loro effetti personali, tutto il resto lo hanno dovuto lasciare nella grotta. Percorro con il carro il paese addormentato, seguo per un po' il corso del fiume e poi una valle laterale in direzione ovest; cosí facendo attraverso piccoli villaggi e fattorie isolate. All'alba, se tutto andrà bene, raggiungerò il confine. Se devo prendere un sentiero in salita, mi arrampico sulla groppa e guido il cavallo. Di tanto in tanto ci sorpassano auto militari e camion con prigionieri che vengono deportati alla Linea Sigfrido, per i lavori di scavo delle trincee. Due volte la polizia militare mi ferma e devo esibire il lasciapassare. Quando finalmente giungo alle rovine dei forni di calce vicino al confine, faccio uscire le due donne dal nascondiglio e mostro loro in quale direzione devono correre, attraverso la fitta foresta di abeti rossi fino al corso del ruscello nella valle, poi seguire il ruscello per circa cento metri controcorrente e raggiungere una diga. Siedo sul carro e le guardo correre lungo il pendio, inciampare, cadere, rialzarsi e riprendere a correre, e infine scomparire dietro la fitta boscaglia, per poi tornare visibili e immergersi nel bosco che offre loro protezione alla vista fino al ruscello. Lí ci sarà qualcuno ad attenderle, altrimenti l'istruzione è di rimanere nascoste e aspettare finché non sentiranno fischiare. Cosa succederà poi, posso solo supporlo; forse i contrabbandieri le porteranno a Bruxelles.

Aspetto ancora un po', poi proseguo il mio viaggio su sentieri sconnessi fino ai campi di raccolta. È una zona isolata, con dolci colline e pascoli verdi, che piace molto alle mie api. Le arnie blu, rosse e gialle sono protette al limitare del campo, accanto alle siepi di biancospino in fiore. Già da lontano sento le api ronzare. Stacco il cavallo, lo strofino a secco con il fieno e lo lascio pascolare tra i cespugli di ginepro sul pendio. Poi mi metto al lavoro. Le colonie quassú sono riuscite a raccogliere una buona scorta di miele durante la fioritura degli alberi da frutto e della colza, e le arnie sono ora piene di giovani api che si affaccendano in giro. Le raccoglitrici tornano dalle loro escursioni cariche di polline e vengono accolte dalle api guardiane. La produzione di miele è buona o addirittura molto buona in tutte le colonie, e le larve sono sane. Non riesco a individuare in nessuna delle colonie i preparativi per la sciamatura; ci sono anni in cui le api non hanno l'impulso di sciamare, sembrano soddisfatte delle vecchie regine e della vita nella loro colonia, e a quanto pare non sono interessate a fondarne di nuove. Lavoro tutto il giorno alle arnie e pernotto in una locanda che la sera è piena di soldati. Al bancone parlano di fuggitivi catturati e immediatamente fucilati. Mi vedo con Anna e poi vado a trovare Louis a Malmedy, dove rimango per qualche giorno prima di tornare a casa.

Martedí 16 maggio 1944

Racconto a Charlotte di essere stato dalle mie colonie di api al confine e di aver fatto in seguito visita ad alcuni parenti a Malmedy. Quando arrivo in biblioteca, si alza dalla scrivania e gira velocemente intorno al bancone per abbracciarmi. Con mia sorpresa, mi si stringe addosso, dicendo che era preoccupata, che è persino stata a casa mia. «In questo periodo ho molto da fare con le api». «Senza di lei è noioso qui» risponde sorridendo Charlotte. Mi piacciono le sue maniere maliziose, gli occhi leggermente strabici con cui non riesce a guardarmi dritto. La mia compagnia è davvero cosí piacevole, quando siedo al mio posto e leggo? le domando. Charlotte ride e scompare dietro una pila di libri. Quando torna, mi porge un vecchio messale in cui sono inserite delle pergamene di Ambrosius, e mi racconta di averle trovate per caso durante la catalogazione, assieme a scritti di autori proibiti. «Anche molti libri della biblioteca del monastero erano vietati: *Mare Liberum* di Ugo Grozio, gli scritti di Galileo Galilei, i testi di Abelardo e dei mistici. E nell'*Index Librorum Prohibitorum* si trovavano pure opere della biblioteca di Cusano». «Sí, lei sa molte cose, non è come i contadini» dice ora seria, e aggiunge: «Anche se credo che le piacerebbe esserlo».

Mentre Charlotte continua a riporre sugli scaffali i libri del fondo del monastero, io mi siedo alla scrivania e rifletto sulle sue parole. Forse non ha tutti i torti: un paio di piccoli campi, un grazioso giardino dietro la casa, una macchiolina di bosco sul pendio dove nasce un piccolo ruscello che scorre davanti a casa. Forse preferirei davvero essere, come il mendicante volontario di Zarathustra, un agricoltore e un uomo che ha delle radici. Come lui amerei il miele, macinerei ancora piú volentieri i cereali, disprezzerei la carne. Nell'eterno ritorno delle stagioni, nel ripetersi dell'immutabilità come condizione fondamentale della vita, potrei accettare il mio destino.

Quando a Charlotte cadono a terra alcuni libri, l'aiuto a raccoglierli. Dice che vuole finalmente mettere ordine in tutto il fondo, redigere delle schede anche per i libri della biblioteca del monastero. Purtroppo, aggiunge, la signorina Elisabeth non se n'è mai occupata; non è che io sarei disponibile ad aiutarla, se avesse domande sul lascito medioevale? Prima che io possa sfiorarla, si alza e se ne va. Credo che Charlotte sappia che i libri degli autori proibiti provengono da me, ma non devo preoccuparmi che mi tradisca.

Venerdí 19 maggio 1944

Ieri, giorno dell'Ascensione, le colonie hanno cominciato a sciamare; prima quelle della casetta, subito dopo quelle della zona mineraria e del bacino idrico, migliaia e migliaia di piccole creature, tra cui da qualche parte c'era la vecchia regina. Perché essa lasci senza combattere la reggenza della sua ben ordinata colonia a una regina giovane, non lo so. È spirito d'avventura? Vuole finalmente scoprire cosa c'è al di fuori del mondo buio dell'alveare? Forse è semplicemente la bellezza del mondo, forse le api hanno un senso per coglierla, ne sono persino l'origine. La regina non vola mai lontano dall'alveare, come sempre, si stabilisce sullo stesso albero, perché ha ancora con sé migliaia di uova e probabilmente le mancano le forze per voli piú lunghi. Non è stato un problema catturare tutti gli sciami con l'aiuto di Franz.

Quando lavoro alle arnie indosso un camice bianco e un cappello con la rete, mi accendo un sigaro e, quando apro lo sportello, soffio il fumo sui telai dove strisciano centinaia di api. Il fumo fa loro pensare che sia scoppiato un incendio e pensano solo a salvare la colonia. Prima di tutto, quindi, provvedono al miele e perdono ogni aggressività nei miei confronti.

Nonostante abbia poco tempo, vado comunque in biblioteca ogni settimana, almeno una volta, per controllare i messaggi. Charlotte non c'è. La signorina Elisabeth mi ha detto che è andata da sua sorella a Berlino.

Domenica 21 maggio 1944

La pioggia arriva di nuovo dal Belgio; sopra il mare si formano grosse nuvole, che salgono e lentamente si muovono verso l'interno, con il vento di levante che le sospinge costantemente nella nostra direzione, in un viaggio lungo un giorno e una notte. Nelle prime ore del mattino cominciano a rovesciare la pioggia come una zavorra, per poter continuare a girovagare sopra le montagne dell'Eifel e proseguire a est. Sono giorni che piove, le api hanno dovuto interrompere la raccolta e non hanno potuto sfruttare l'attuale abbondanza di fiori. Per essere quasi alla fine di maggio, le colonie sono quindi ancora molto deboli e in ritardo rispetto alla vegetazione. Quando finalmente verso sera il sole esce dalla coperta di nubi, le api volano immediatamente fuori e iniziano laboriose a raccogliere.

La sera, alla locanda, si racconta che la polizia militare ha scovato un uomo vicino al bacino idrico e lo ha seguito fino alla zona mineraria. Sospettano che si tratti di un russo fuggito o del pilota del Mitchell. Domani verrà costituita una nuova squadra di ricerca e temo che questa volta gli uomini si avventurino piú in profondità nella zona mineraria e che possano trovare l'ingresso della mia grotta. Piú tardi, dopo che tutti gli ospiti, tranne Kleenbeen, se ne sono andati, racconto a Sanny, forse in tono un po' troppo entusiasta, di Charlotte. Mia cugina continua a pensare che dovrei smetterla con le conquiste, una relazione con la moglie del sovrintendente è troppo pericolosa. Oh, Sanny, *amare et sapere vix deo conceditur*, raramente gli dei concedono di amare e al tempo stesso rimanere saggi. «Tu e i tuoi detti latini!» esclama ridendo. Rimaniamo ancora un po' seduti insieme, ricordando l'epoca prima della guerra, tornando a essere quei bambini spensierati e ridendo come non ci capitava da molto tempo. Prego Sanny di suonare il pianoforte per me; suona cosí bene, prima della guerra avrebbe dovuto iscriversi al conservatorio. Il pianoforte è sul palco della sala da ballo; io sto seduto al di sotto, in platea, mentre sopra di me sono ancora appese le splendide ghirlande del carnevale. Vorrei che Sanny potesse continuare a suonare in eterno.

Lunedí 22 maggio 1944

Oggi in biblioteca mi sono finalmente potuto dedicare di nuovo ad Ambrosius; il lavoro con le api mi lascia molto poco tempo per fare dell'altro. Ho letto che c'è un santo di nome Ambrogio, che fu vescovo di Milano nel quarto secolo dopo Cristo. Insieme a sant'Agostino, san Gregorio e san Girolamo, è uno dei quattro piú importanti maestri della Chiesa latina nella tarda antichità. Forse, quando entrò nell'Ordine, il nostro antenato prese il nome proprio da questo vescovo di Milano: sulle illustrazioni che ho trovato, infatti, Ambrogio da Milano è raffigurato con un alveare e un bambino nella culla; le api, secondo la tradizione, mettono nella bocca di Gesú il miele, considerato simbolo di eloquenza. Quel che è certo è che, entrando nel monastero, il nostro ragazzo di campagna rinunciò al suo nome secolare. Dalle fonti deduco che il segretario Johann von Erkelenz sul letto di morte di Cusano fece voto di portare il cuore del suo vescovo a Cusa per seppellirlo ai piedi dell'altare della cappella. Spesso, personalità di alto rango della nobiltà e del clero disponevano la separazione del cuore dal corpo dopo la loro morte, e non era insolito, a quel tempo, seppellire il cuore di un defunto in un luogo per lui significativo. Per il trasporto, il cadavere doveva essere mummificato, per evitarne la decomposizione. Dopo l'antichità, la conoscenza di questa tecnica era andata perduta. La carne e le ossa del cadavere venivano separate e bollite, e le ossa macinate, in modo che almeno lo scheletro potesse essere trasferito al luogo di destinazione. Cusano ovviamente voleva che fosse conservato il suo cuore. Esiste una connessione tra il cuore di Cusano e le mie api, che forse giunsero oltre le Alpi al seguito del segretario Johann von Erkelenz, a Cusa e poi piú tardi al piccolo monastero qui vicino, dove Ambrosius era, come è noto, il custode delle arnie. Ci deve essere stato un motivo per cui il giovane Ambrosius attraversò le Alpi sulla scia di Johann von Erkelenz, un motivo molto importante per aver lasciato il villaggio natio sulle Alpi italiane. Sarebbe interessante sapere come venne recuperato il cuore dal lago, se soprattutto qualcun altro, a parte il segretario, sopravvisse all'improvvisa ondata di freddo sui monti. Forse l'intero carro insieme con il suo prezioso carico affondò per sempre nelle profondità del lago vulcanico, e tutto non è altro che una leggenda tramandatasi intorno al celebre teologo e santo. Forse il cuore nella cappella di Cusa non è il suo, bensí di uno degli accompagnatori morti per assideramento sul passo. Nel fondo della biblioteca del monastero a me accessibile non trovo altri documenti. Ma ricordo che la signorina Elisabeth una volta ha accennato che in cantina c'erano ancora scatole di libri del monastero. Forse vi sono conservati altri frammenti di Ambrosius.

Domenica 28 maggio 1944

Pentecoste

Questa mattina le api visitano i fiori dei pigami, i cui steli sottili oscillano avanti e indietro e dai quali cadono a terra perle di rugiada scintillanti. Rivolgo lo sguardo alla roccia; attraverso i rami marci del pino cembro morente splende il sole, il cui calore fa turbinare verso l'alto la polvere di legno. Le api ritornano all'alveare.

Verso mezzogiorno la regina lascia l'arnia blu (n. 21) e vola sempre piú in alto, solo i fuchi piú forti delle colonie circostanti riescono a seguirla. Dopo la fecondazione si libera dei consorti, strappando loro il sesso e l'intestino; gli involucri vuoti fluttuano a terra nella mite aria primaverile. Quando la regina torna nell'arnia, le interiora degli ultimi innamorati sono ancora appese al suo addome.

I miei ricordi assomigliano a quelli delle api invernali nella loro arnia buia; non so se qualcosa sia accaduto solo ieri o se siano già passati anni. Mi sembrano un punto minuscolo in uno spazio infinito.

Martedí 30 maggio 1944

Oggi è venuto Franz. Gli ho aperto un telaio della covata e ho tirato fuori la cornice su cui si trovava la regina. È notevolmente piú grande dei suoi sudditi, ha le antenne filiformi, la testa a forma di cuore e gli occhi sottili e sfaccettati. Il suo poderoso addome termina con l'organo riproduttivo appuntito. Ora è impegnata a deporre nei favi uova delle dimensioni di un granello di sabbia; le sue cortigiane la conducono di cella in cella, e si ha l'impressione che la sorveglino e che in un certo senso la tengano prigioniera.

In alcune colonie ho dovuto uccidere la vecchia regina sterile (arnia gialla n. 12 e arnia verde n. 57), in nome del detto secondo cui chi risparmia i cattivi danneggia i buoni. In linea di massima non sono favorevole all'uccisione delle regine, di solito se ne occupa la colonia quando la vecchia regina non depone piú abbastanza uova e le nuove sono già nella covata. Ma qui le colonie per qualche motivo non hanno prodotto alcuna regina adatta alla successione, e cosí ho rimpiazzato quella presente con una del mio allevamento.

Charlotte è ancora via, sono preoccupato per lei. Mentre noi qui viviamo ancora in relativa sicurezza, Berlino è costantemente bombardata.

Nessun messaggio in biblioteca; negli ultimi anni in questo periodo avevo già portato al confine il doppio dei fuggitivi. Ma l'operazione diventa di giorno in giorno piú pericolosa. Forse nel frattempo l'Organizzazione si è addirittura sciolta, anche se penso che in tal caso mi avrebbero avvertito.

Giovedí 1° giugno 1944

C'è qualcosa che non va con la colonia (n. 33) al bacino idrico. Le api si aggirano annoiate e svogliate all'ingresso dell'arnia Langstroth rossa e non eseguono piú voli collettivi, nonostante il tempo sia bellissimo. Indosso la tuta protettiva e il cappello con la rete, e fumo il sigaro; ogni volta che lo faccio ho la sensazione di scivolare nella pelle di mio padre. Lo vedo davanti a me e allo stesso tempo vedo me stesso; è una strana sensazione, ugualmente esaltante e sconcertante, essere figlio del proprio padre. Le api mi attaccano, si gettano contro le mie braccia e le mie gambe. Quando sollevo i telai e tiro fuori le cornici per cercare la regina, sono in piedi in mezzo a nuvole scure di api bellicose. Finalmente la trovo, sembra malata e non può piú deporre uova. Per questo motivo quindi la colonia è in agitazione; senza una regina sana, la sua esistenza è minacciata, andrebbe inevitabilmente in rovina. È necessario che ne arrivi una nuova il piú presto possibile. Sempre nel pomeriggio, porto dal mio allevamento una regina sana e distruggo le larve malate nelle celle.

Finalmente ho ricevuto un messaggio. Martedí prossimo, nel tardo pomeriggio, devo andare a prendere dei fuggitivi alla Torre Malakoff.

Verso sera arrivano gli aerei da ricognizione Vickers; hanno un enorme raggio d'azione grazie alle mitragliatrici montate su affusti girevoli. La contraerea fa inutilmente fuoco sul terrapieno della ferrovia. I Vickers volteggiano in attesa intorno all'Urft; come avidi rapaci si fiondano improvvisamente a terra, incalzano a bassa quota sui campi, poi risalgono e scompaiono, come se avessero improvvisamente perso la voglia di cacciare, come se tutto per loro fosse stato solo un gioco.

Vickers Wellington
Equipaggio: sei uomini; Propulsione: due motori radiali Bristol-Hercules, 1521 CV ciascuno; Armamento: due mitragliatrici Browning a prua, quattro mitragliatrici nella torretta girevole di poppa, due mitragliatrici sulla fusoliera laterale; Carico bomba: 2041 kg.

Domenica 4 giugno 1944

Dopo il passaggio di un fronte caldo, gli strati di nubi si dissolvono poco per volta. La temperatura è salita a piú di quindici gradi e un vento tiepido soffia da ovest. Il bel tempo durerà certamente a lungo; le mie api ne saranno contente, ma purtroppo anche gli aerei nemici, dal momento che la visibilità arriva fino a dieci chilometri.

Le api lavorano anche nei nostri giorni di riposo, raccolgono dalla mattina presto fino al tramonto. Dopo che ho installato la nuova regina, la colonia sui prati di Molitor si è ripresa. I prati si trovano al di sopra del bacino idrico, sono fecondi pascoli con centauree, scabiose e timo selvatico. Mi piace sedermi qui all'abbeveratoio delle mucche e guardare giú verso il lago, dove gli alti ontani vicino alla rimessa delle barche si riflettono nell'acqua. Ricordo che una volta mio padre mi incaricò di portare a casa tre arnie completamente infestate dagli acari, mentre lui sarebbe andato alla villa per sbrigare qualcos'altro. Arrabbiato e senza la benché minima voglia di trascinare le arnie, le affondai nel lago. Anche allora era domenica e il tempo era bello come oggi. Con queste condizioni finalmente favorevoli aggiungo favi vuoti e telai, per fare in modo che le mie regine abbiano spazio sufficiente per deporre le uova. La maggior parte delle colonie occupa per ora due telai, ma con comunità forti posso aggiungerne persino un terzo. Dopo la fioritura della colza potrò iniziare il raccolto.

Giovedí 8 giugno 1944

Corpus Domini

La sera vado alla locanda; c'è poco movimento e Maria sale presto nella mia camera. Facciamo l'amore e piú tardi, al crepuscolo, sediamo sul balconcino affacciato sul fiume, guardiamo giú verso il Rauschen e le rocce di arenaria dietro i binari della ferrovia, e ascoltiamo i suoni sommessi che ci giungono dalle baracche. Maria piange, non so perché; forse a causa di noi, forse a causa delle tristi canzoni dei russi. Domani dovranno di nuovo faticare ai lavori nelle trincee e al rinforzo della Linea Sigfrido o nella cava del cementificio. Piú tardi Maria mi racconta che suo marito è rimasto gravemente ferito: ha ricevuto notizia che è stato ricoverato nell'ospedale da campo per settimane, che ha ora ricevuto una licenza e che probabilmente sta tornando a casa dal fronte orientale. Dice che non potremo piú vederci, perché suo marito potrebbe arrivare a casa da un giorno all'altro. Forse è meglio cosí, forse davvero non dovremmo vederci piú, mai piú.

Lunedí 19 giugno 1944

Nelle giornate di bel tempo delle scorse settimane, le colonie hanno depositato abbondante nettare e polline; in quasi tutti gli alveari si trovano favi gialli dorati ben riempiti di miele dal nettare dei fiori dei prati e degli alberi da frutto. Una nuova generazione di api esce per la prima volta dall'arnia; dopo qualche tentativo, volano in cerchi all'inizio piccoli, poi sempre piú grandi, ma sempre tenendo d'occhio l'apertura di volo. Presto si mettono a gironzolare di buon umore come api selvatiche e, all'improvviso, quasi per un comando segreto, ha inizio la migrazione. Forse già da tempo hanno percepito, grazie ai recettori sulle loro antenne, il profumo dei fiori.

Oggi, per precauzione, ho portato nella grotta delle provviste, in modo che domani ci sia cibo a sufficienza per i miei nuovi ospiti, che arrivano sempre molto affamati.

La notte, mentre tornavo a casa dalla locanda, hanno cominciato a ululare le sirene e i riflettori antiaerei sul terrapieno della ferrovia si sono alzati di scatto, poi si sono abbassati e si sono fermati. Nel fascio di luce sono apparsi improvvisamente degli aerei da combattimento, che hanno immediatamente sganciato le loro bombe. Quasi nello stesso istante, ecco gli impatti sordi, le esplosioni che fanno tremare la terra, ovunque la polvere densa che sa di calce, malta e sporcizia.

Dopo lo sbarco in Normandia, gli Alleati combattono sempre piú vicino al confine occidentale.

«Vedrete quando arrivano qui! I nostri soldati, con la loro feroce resistenza, non lasceranno entrare nessuno nel nostro Paese» ha annunciato il marito di Charlotte.

Martedí 20 giugno 1944

Franz è passato dopo la scuola. Il ragazzo mi è di aiuto, e l'apicoltura sembra farlo contento. Iniziamo con la raccolta dei primi prodotti e spazziamo con attenzione le api dai melari, a cui poi nel capanno togliamo gli opercoli. Quindi i melari vengono messi a centrifugare nello smielatore, dove il miele si stacca dai favi e gocciola nel tino; poi Franz lo mescola fino a farlo diventare giallo dorato e bello denso. Dobbiamo fare attenzione che nessuna ape si avvicini a noi; chiamerebbe le sue compagne, e presto avremmo l'intero capanno pieno di api che pensano solo a riportare il loro miele all'alveare.

I ragazzi che ho preso in consegna stasera alla Torre Malakoff hanno circa la stessa età di Franz. Sono due fratelli, di nove e dodici anni. Camminare nella zona mineraria al calar della notte è ancora piú pericoloso che di giorno. Per i due fuggitivi, tutto ha il sapore dell'avventura, e si sono entusiasmati per il giro in zattera sul lago. Vediamo come sarà il loro umore tra qualche settimana.

Estate 1944

Giovedí 22 giugno 1944

Da qualche giorno alcuni soldati che guidano un'unità di rifornimento sono alloggiati in casa mia, dove occupano tutte le stanze e parcheggiano i loro autocarri davanti al fienile e nel vialetto. Perlopiú viaggiano di notte e dormono durante il giorno, il che non è poi cosí male. Io trascorro sempre piú tempo nel capanno.

Piú fa caldo, piú il ronzio delle api diventa forte, come se aggiungesse sempre nuovi colori sonori alla natura. Le ascolto mentre sistemo le piante di fagioli giú in giardino. Le api ora devono abbassare la temperatura nell'arnia: si mettono ordinatamente in fila davanti al foro di volo, simili ai miei studenti nel cortile della scuola, e muovono incessantemente le ali come se volessero volare. Cosí si forma una corrente d'aria fresca, che soffia attraverso il foro in tutta l'arnia e viene nuovamente sospinta fuori; alcune api tengono tra le zampe delle goccioline d'acqua con le quali raffreddano ulteriormente l'aria.

Franz ora passa ogni giorno subito dopo la scuola; a volte fa anche i compiti da me. Mentre io lavoro con le api, mi guarda e mi pone domande intelligenti. Forse parlo troppo, anche di cose che non può ancora capire. Sono tentato di chiedergli di sua madre. Da quando il marito è a casa, non fa piú la cameriera da Sanny; non la vedo quasi mai, e quando la vedo non ci parliamo. Ora che per me è irraggiungibile, mi manca.

Finalmente un messaggio: porterò i fuggitivi al confine il 1° luglio, un sabato. Per allora voglio che tutto sia pronto, sebbene le condizioni siano ora piú complicate.

I ragazzi non creano problemi, posso senz'altro lasciarli soli per un giorno o due.

Franz mi ha visto strisciare fuori dalla grotta dietro il capanno; naturalmente mi ha subito chiesto cosa ci facessi lí.

Mercoledí 28 giugno 1944

Negli ultimi giorni non ho annotato nulla, il tempo è volato. Inoltre ero spesso cosí stanco che non mi veniva in mente alcun pensiero che fosse degno di essere scritto in un diario. Forse la verità è che non pensiamo nulla di nuovo, ma i nostri pensieri sono solo l'eco di qualcosa che è già stato pensato.

I ragazzi se la stanno cavando coraggiosamente di sotto nel buio, ma devo scendere da loro piú spesso di quanto pensassi, devo parlargli, tenergli alto il morale. Gli ho portato *Viaggio al centro della terra*, ne sono entusiasti e vogliono esplorare la grotta e il lago. Ho permesso loro di lasciare accesa la lampada a carburo, ho accennato di aver scoperto con Alfons alla loro età l'ingresso della grotta, il collegamento tra il nostro giardino e la testa d'elefante nella zona mineraria, ho raccontato del labirinto di corridoi e gallerie sotto la regione dell'Urft. Hanno un sacco di soldi negli zaini, a quanto pare provengono da una famiglia ricca.

Sul tunnel del monte Stiftsberg, dove è posizionato il cannone a quattro fuochi della contraerea con il radar Würzburg, ora ci sono soldati con le mitragliatrici.

Ieri sera c'è stato di nuovo un attacco aereo, in cui sono stati colpiti l'ufficio postale e un treno merci fermo in stazione; le enormi ruote di ferro della locomotiva sono volate in aria come dischi per centinaia di metri, hanno sfondato tetti e sono atterrate all'interno di stanze, alcune persino in cantine. Quando sono andato in città, oggi, i lavoratori forzati russi stavano riparando i binari.

Charlotte non è ancora tornata. Ho visto di nuovo suo marito alla locanda, mi chiedo cosa ci trovi in lui.

Martedí 4 luglio 1944

Tre giorni fa ho portato i ragazzi al confine. A causa dei soldati acquartierati a casa mia, questa volta non ho scelto il solito percorso attraverso il giardino e dentro il fienile. Ho aspettato i due fuggitivi alle dieci di sera, all'imbrunire, in un luogo concordato ai margini della zona mineraria. Avevo mostrato loro il tragitto in precedenza e insistito fortemente di non modificarlo in nessun caso.

Mentre aspettavo sul carro, la luna ha cominciato a brillare sui pendii di sabbia ricoperti di betulle. Mi sono rimproverato: forse i due ragazzi si erano allontanati dal sentiero ed erano caduti in un pozzo. Mi sono perciò sentito molto sollevato quando finalmente sono comparsi, dopo quasi un'ora. In un attimo li ho nascosti nelle cassette delle api e siamo potuti partire.

Mentre lasciavo la zona mineraria, una figura ha attraversato il sentiero di corsa ed è scomparsa tra i fitti cespugli, dove il cane l'ha inseguita abbaiando. Richiamarlo non aveva senso; per prima cosa non avrebbe obbedito, e poi avrei solo attirato l'attenzione. Ho continuato a guidare, pensavo al pilota americano che dovrebbe aggirarsi ancora da queste parti e su cui circolano le voci piú fantasiose: due uomini lo hanno descritto con precisione, una donna ha affermato che un nero ha cercato di violentarla, i contadini hanno riferito che le loro dispense sono state saccheggiate. Ora il mio cane lo sta inseguendo, cosa di cui non mi devo tuttavia preoccupare. Conosce molto bene la zona ed è anche abituato a cavarsela da solo per qualche giorno.

Ho fatto un giro ampio intorno al paese e, nel momento in cui abbiamo imboccato il sentiero sicuro, spesse nuvole si sono spinte davanti alla luna e la notte è diventata improvvisamente buia e del tutto silenziosa. Ho sentito gli aerei, ho visto le loro luci di posizione luccicare tra le stelle quando le nubi hanno liberato la vista del cielo per un breve momento. Mi sono fermato e ho aiutato i ragazzi a uscire dalle cassette; il piú grande ha spiegato al piccolo dove si trovava l'America e che i loro genitori li aspettavano lí. Mi sono meravigliato: come mai gli adulti sono già al sicuro mentre i loro figli stanno ancora qui? Ho dovuto rimproverarli piú volte perché parlavano a voce troppo alta. Ma probabilmente il piú grande voleva solo rassicurare il fratello. A un certo punto si sono addormentati sotto il telone.

Ha cominciato a gocciolare, e dopo pochi minuti una calda pioggia estiva è scesa dalla notte, trasformandosi in breve in un violento acquazzone; i fulmini ora guizzavano nel cielo, uno dopo l'altro si abbattevano sulle cime delle montagne, e la loro luce rendeva i campi luminosi come di giorno. Qui il mio Horaz si agita, ho pensato; sono saltato giú dal carro e sono riuscito a malapena a trattenere il cavallo spaventato, perché l'acqua aveva trasformato il campo in pendenza in uno scivolo pericoloso. Ho tirato il mio renano verso destra, dove c'è un fienile in cui avremmo potuto aspettare che la tempesta passasse.

Quando mi sono svegliato, la mattina, ho visto un soldato con addosso il cappotto impiccato alla trave del tetto sopra di me. Ho subito attaccato il giogo e ho lasciato il pagliaio con i ragazzi che ancora dormivano. Piovigginava ancora un po', dalla valle si alzavano nuvole di nebbia, che in breve hanno formato un grande lago bianco. I ragazzi si sono svegliati e hanno guardato fuori curiosi da sotto il telone; eravamo ancora lontani dal confine. Temevo che saremmo arrivati tardi al punto d'incontro e che non ci sarebbe stato piú nessuno a prenderli in consegna.

Quando finalmente abbiamo raggiunto i forni da calce, il sole splendeva di nuovo. Ho detto ai ragazzi che sarei rimasto presso i miei apiari fino al mattino seguente e che sarei tornato a prenderli nel caso in cui nessuno si fosse presentato a recuperarli.

La notte era rischiarata dalle stelle. A un certo punto mi sono addormentato e al risveglio ho trovato il cane steso accanto a me, con il muso sul mio ginocchio. I ragazzi non erano tornati.

Domenica 9 luglio 1944

Dopo il mio ritorno dal confine, nessun altro nuovo incarico. Qualche giorno fa ho avuto una leggera crisi, dalla quale mi sono però ripreso presto. C'era molto da fare in casa ed è stato difficile sforzarmi di scrivere. Sono persino andato in biblioteca una sola volta per controllare i messaggi, anche nella speranza di incontrarvi Charlotte. Sono molto preoccupato, potrebbe esserle successo qualcosa.

Stamattina presto ho notato all'orizzonte le scie di fuoco dei razzi che volano verso il Belgio. Si tratta di grandi razzi Aggregat, proiettili azionati da combustibile liquido e armati di testate che pesano mille chilogrammi. Hanno una velocità di oltre cinquemila chilometri orari, l'arma miracolosa con la quale Jupp spera ancora di vincere la guerra. Il loro tempo di volo fino a Londra ammonta a pochi minuti, e grazie alla velocità non sono localizzabili sugli schermi radar. Si dice che siano radiocomandati e dotati di una calcolatrice elettronica con la quale trovano autonomamente l'obiettivo. Mio fratello crede che un giorno si potrà volare sulla Luna con simili razzi. Ma i loro bersagli non sono pianeti lontani che devono esplorare, bensí le grandi città in Belgio, in Francia e in Inghilterra, dove uccidono migliaia di persone in un colpo solo.

L'avanzata inizialmente rapida degli Alleati è probabilmente rallentata a causa delle lunghe code di rifornimento; in ogni caso, la loro avanzata per ora si è arenata.

Lunedí 10 luglio 1944

Stasera devo annotare velocemente il mio diario, perché è successo qualcosa di meraviglioso. Ma andiamo con ordine.

Nel pomeriggio ho visitato le colonie al bacino idrico, su al pascolo di Molitor. Alcune api portavano gocce d'acqua dalla riva alla loro colonia, altre raccoglievano nettare e polline da epilobi, tigli, cardi, fiordalisi e trifogli bianchi. Quando ho terminato il lavoro alle arnie ho trovato, in piedi dietro di me in costume da bagno, Charlotte che aveva attraversato a nuoto il lago. Mentre parlavamo, strizzava l'acqua dai suoi lunghi capelli. Mi ha raccontato che era andata a trovare la sorella a Dresda; dal treno ha visto quasi solo città distrutte, e nel viaggio di ritorno sono stati ripetutamente attaccati dai cacciabombardieri. Povera donna, ha dovuto passare piú volte la notte nelle stazioni ferroviarie e persino in aperta campagna, tanto che le ci è voluta quasi una settimana prima di arrivare finalmente a casa. Mentre parlava, è stata improvvisamente attaccata da alcune api. È scappata, correndo giú al lago. L'ho seguita fino alla riva, mi ha fatto vedere le punture, le ho estratto i pungiglioni, ho succhiato via il veleno e poi le ho baciato la spalla, il collo e infine la bocca. Charlotte ha lasciato che accadesse.

Mi sembra quasi che oggi le api siano tornate a essere le mie alleate.

Giovedí 13 luglio 1944

Da ieri nel mio nascondiglio si trova una giovane madre con il suo bambino, che non avrà piú di cinque mesi. Aspetto un messaggio per liberarmi di loro, per poterli finalmente portare al confine.

Le rotte di avvicinamento sono diventate piú brevi per gli aerei alleati e i treni adesso vengono attaccati quotidianamente: Spitfire e Lightning volano ululando verso una linea ferroviaria e fanno fuoco da tutti i lati, fino a quando la locomotiva non rimane ferma fumante sul tratto aperto. Poi danno la caccia ai passeggeri in fuga attraverso i campi, che non concedono loro alcun tipo di protezione. Il caseificio e la stazione sono stati distrutti dalle bombe incendiarie, e le case lungo Bahnhofstraße si afflosciano quasi silenziosamente.

È buio quando, dopo il segnale di cessato allarme, i feriti e i morti vengono recuperati.

Le api non sembrano infastidite dal rumore degli attacchi aerei; vivono in un altro mondo, apparentemente pacifico, la guerra non le riguarda. Tornano dai loro voli di raccolta con polline bianco di cardi, fiordalisi, echinacea e camomilla, incipriate dai prati e dai giardini circostanti. Raccolgono laboriose, come se sapessero che su di loro incombe un inverno molto freddo.

Al Café Blasius è collocato ora l'ufficio postale provvisorio. L'impiegato siede nella sua uniforme a un piccolo tavolo accanto all'ingresso. Si fa sempre piú fatica a trovare anche il pane, e il surrogato del caffè ha un sapore ogni giorno piú amaro.

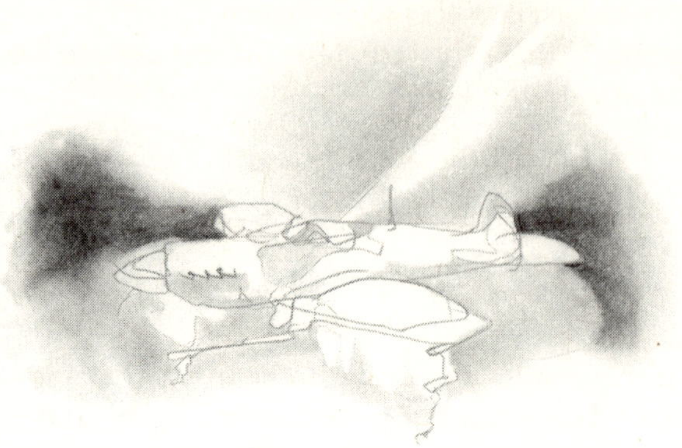

Supermarine Spitfire
Equipaggio: un uomo; Motore: una Rolls-Royce Merlin 63, 1650 CV; Armamento: quattro mitragliatrici Browning, due cannoni.

Sabato 15 luglio 1944

Il marito di Charlotte se n'è andato per qualche giorno a una riunione di partito, cosí ho avuto finalmente l'opportunità di farle visita alla villa. Abbiamo bevuto del vero cognac francese e abbiamo ballato abbracciati stretti. *Qualis nox fuit illa, di deaque, quam mollis torus. Haesimus calentes et transfudimus hinc et hinc labellis errantes animas.* O dèi e dee, che notte deliziosa! Stretti e ardenti, del letto fra le sponde, l'anima errante ognun nell'altro infonde. Charlotte ha una macchia scura delle dimensioni di una monetina e tre piú piccole attorno al capezzolo sinistro, che però sono visibili solo quando è sdraiata vicino a me e io la bacio proprio lí; e ne ha altre all'interno della coscia sinistra. La sua pelle in questo punto è cosí delicata che si possono intravedere le venuzze blu. Abbiamo mangiato del caviale a letto da piccole ciotole d'argento. Quando si è addormentata, mi sono alzato, sono andato al comò e ho preso uno dei suoi bellissimi bigodini.

Martedí 18 luglio 1944

Sono giorni che trascuro il mio diario; tutto ciò che ho vissuto con Charlotte ultimamente non ha bisogno di parole. Ho trascurato persino il mio lavoro agli alveari, anche perché ogni giorno devo andare al nascondiglio per occuparmi dei miei ospiti. Esther è molto ansiosa; ha paura di me e indietreggia se mi avvicino troppo a lei. Deve avere circa diciannove anni, parla il dialetto del Palatinato, ha labbra pallide e occhi tristi; il suo neonato è una bambina, minuscola quasi quanto la bambola di pezza sdraiata sulla coperta accanto a lei, con pochissimi capelli, sottili come una ragnatela. Non avevo mai visto una creatura cosí piccola. La gatta ha fatto la sua comparsa nella grotta, ha preso il suo cibo ed è sparita di nuovo.

Davanti alla casetta delle api, nell'erba, giacciono fuchi uccisi e mutilati. Ovunque, nei corridoi bui degli alveari, le operaie hanno iniziato l'abbattimento. Sdraiati sulla schiena, gli ex favoriti della regina cercano di respingere i furibondi attacchi, ma non serve a nulla. Le operaie strappano loro le ali scintillanti e gli cavano gli occhi, che brillano come schegge di diamante. I fuchi vengono attaccati e uccisi senza pietà, come invasori alieni che non appartengono piú al loro popolo.

Quando vado al Café Blasius, nel pomeriggio, trovo una lettera di Alfons. La commessa è in piedi dietro il bancone e mi guarda curiosa mentre leggo. Mio fratello scrive che aveva programmato di tornare a casa per qualche giorno in estate, ma dopo lo sbarco delle truppe alleate in Normandia è stato imposto il blocco totale delle licenze. Alfons sicuramente non riuscirà piú a procurarmi le medicine, e non so come sopravvivere con quel poco che mi è rimasto, se il farmacista non mi vende piú nulla.

Mercoledí 19 luglio 1944

Charlotte mi ha permesso di cercare nella cantina della biblioteca altri libri del monastero. La volta è umida e poco illuminata, il pavimento è in argilla battuta, e alcune zone sono completamente prive di luce elettrica. Trovo una scatola di legno inchiodata, che apro con un piede di porco. Sotto uno strato di trucioli giacciono vecchi libri avvolti in stracci. Se vengono conservati qui ancora per qualche anno, finiranno per marcire. Infine mi guardo intorno nella cantina. In una zona defilata trovo una legnaia, dietro la quale si apre una piccola stanza con un materasso, dei moccoli di candela e generi alimentari avariati; qualcuno si è chiaramente nascosto qui per un periodo. Sotto il materasso ci sono delle assi e, una volta sollevate, trovo l'accesso a una delle gallerie minerarie, il che non mi sorprende, dato che la biblioteca in origine era l'edificio principale dell'amministrazione delle miniere. Mentre sto togliendo i libri dalla scatola per portarli di sopra, arriva Charlotte. Le si impigliano i capelli nelle ragnatele polverose e, poiché ha paura dei ragni, si comporta in modo isterico, mi chiede di controllare se da qualche parte le cammina addosso un ragno. Ci metto un po' di tempo per riuscire a calmarla e poi a baciarla. Ma niente di piú, vuole uscire dalla cantina al piú presto.

Venerdí 21 luglio 1944

Ho sentito alla radio la notizia di un attentato alla vita di Jupp, il quale è rimasto illeso. Alcuni dei suoi ufficiali hanno cercato di assassinarlo con una bomba piazzata vicino alla sua sedia. Mi chiedo come mai fino a oggi nessuno abbia tentato di ucciderlo faccia a faccia. Incredibile come i generali, che comandano eserciti vittoriosi e hanno conquistato quasi tutta l'Europa facendo uccidere milioni di persone, non siano capaci di compiere un simile gesto. Perché non lo hanno semplicemente eliminato? Dovrebbero pur essere in grado di sparare. Forse questo è possibile solo se si è completamente fuori di sé, quando non è necessario pensare alla pianificazione, all'esecuzione e alle conseguenze di un atto. Sento la voce esitante di Jupp alla radio e credo che il fallimento dell'attentato sia dipeso piú dall'incapacità dei suoi generali che dalla Provvidenza divina. Ma nemmeno io sarei in grado di compiere un gesto del genere, non potrei mai assassinare una persona faccia a faccia.

Non riesco ad addormentarmi, ho brividi di freddo, prendo un Luminal, torno alla radio e giro le manopole finché non sento Londra. Nessun accenno all'attentato, si parla solo di quante tonnellate di materiale esplosivo vengono sganciate sulle nostre città.

La notte sogno che le mie api mi hanno riscaldato e avvolto completamente, e io sono diventato parte di loro. Sciamano con me e fluttuiamo nel cielo blu, miriadi di particelle d'oro danzanti e scintillanti. Piú tardi sono sdraiato sul prato e guardo in su nella loro direzione, incorporeo, solo spirito, perché tutte loro, ciascuna di loro, hanno portato con sé in cielo un pezzetto di me. Sono salvo.

Sabato 22 luglio 1944

Incontro Charlotte al lago. Mentre usciamo in barca, improvvisamente dietro il bosco compaiono dei Curtiss P-36 nemici, caccia monoposto. Per colpire, i piloti devono scendere perpendicolari sull'obiettivo, fare fuoco e poi far riprendere quota al velivolo con un'impennata, oppure volare verso l'obiettivo frontalmente e sparare dalle mitragliatrici fisse montate sulle ali. Io e Charlotte saltiamo fuori dalla barca e ci immergiamo il piú possibile nel lago per proteggerci dai proiettili. Gli aerei volano compiendo un ampio arco e poi compatti si dirigono veloci a pelo d'acqua verso la barca. Nel frattempo noi ci siamo portati in salvo sulla riva sotto il molo e vediamo i Curtiss che sfrecciando fanno fuoco da tutte le mitragliatrici verso la barca, impennano i velivoli un istante prima della collisione, compiono un arco, tornano indietro e sparano di nuovo, fino a quando la barca finalmente affonda. Ci rannicchiamo nel nostro nascondiglio finché non scompaiono all'orizzonte, poi corriamo alla rimessa. Forse hanno dovuto virare perché non avevano abbastanza carburante per il volo di ritorno alla base. Ha iniziato a piovere, una calda pioggia estiva che spazza il lago a raffiche e tamburella sul tetto di latta della rimessa. Charlotte trema. Siamo avvinghiati l'uno all'altra, non riusciamo a staccarci, finché lei all'improvviso dice: «Andiamocene da qui». Ma dove dovremmo andare? Non c'è nessun posto. «Piú tardi, quando tutto questo sarà finito, ci rivediamo». «Sí, ci rivediamo» rispondo.

Al mio ritorno, la sera, devo andare al nascondiglio, dove Esther mi sta aspettando da tutto il giorno. Quando arrivo, sta allattando la bambina. Metto il cibo sul materasso e spiego che lunedí andremo finalmente al confine. La guardo mentre tiene la bambina al seno. Mi chiede com'è fuori. Oggi ha piovuto un po', rispondo. Continua domandando se il viaggio verso il confine sarà pericoloso, se rischiamo di venire scoperti, che cosa deve fare se dovesse accadere, se salverò la sua bambina... È cosí piccola ed è facile nasconderla ovunque, dice. Piange di nuovo. Non le spiego che il viaggio diventa sempre piú pericoloso a causa degli aerei nemici che ora attaccano tutto ciò che vedono, persino i bambini che giocano e i contadini che lavorano nei campi.

Giovedí 27 luglio 1944

Partito per il confine tre giorni fa, fortunatamente tornato stanotte.

Ci siamo messi in marcia poco prima delle cinque del mattino, e il viaggio è stato inizialmente piú tranquillo di quanto mi aspettassi. Esther era accovacciata con la sua bambina nell'apiario. Avevamo dimenticato il pupazzetto, una bambolina con cui Esther giocava quand'era piccola; voleva assolutamente che tornassi indietro e la prendessi, ma non le ho dato retta, ero contento di averle finalmente nascoste sul carro con l'alveare. Dovevamo partire, eravamo già in ritardo. Avevo attaccato le regine al vestito di Esther e le avevo spiegato di cosa si trattava. Ha detto che anche sua madre aveva dei bigodini cosí, e poi ha ricominciato a parlare della bambolina, che le aveva sempre portato fortuna. Quando parlava di sua madre, piangeva. Ho condotto il carro attraverso il bosco per essere protetto dagli aerei nemici, ma piú tardi, sulla strada di campagna, ci sono venute incontro squadriglie in fuga. Ai vecchi forni da calce ho aperto il nascondiglio, ho preso la bambina e l'ho cullata goffamente tra le braccia mentre la madre si arrampicava fuori dalla cassetta. Le ho mostrato la strada giú verso il confine e le ho guardate a lungo: la bambina era infilata dietro, nello zaino, dal quale fuoriusciva solo la sua minuscola testolina. Ho continuato a guidare fino al mio apiario e ho raccolto il miele estivo, pensando sempre ad Anna, con la quale avrei passato la notte in un fienile vicino.

Partito tardi il giorno seguente, sulla via del ritorno ho incontrato Esther vicino ai forni da calce: aveva i vestiti strappati, i capelli incollati al viso, le labbra coperte di sangue. «Non è venuto nessuno, non è venuto nessuno al punto d'incontro» continuava a gemere, tenendo ben stretto lo zaino con la bambina. Mi sono sentito in colpa, perché non avevo aspettato come al solito. Esther aveva resistito nel luogo concordato e poi, quando nessuno era arrivato a prenderla, era corsa in Belgio per conto suo, dov'era stata catturata dalla gendarmeria locale e consegnata ai tedeschi. Quando l'ho aiutata a salire sul carro, mi sono reso conto che la bambina era morta. A quel punto ho tentato l'impossibile: ho guidato fino al confine e ho portato Esther da Emma e Louis a Malmedy. Siamo stati molto fortunati che nessuno ci abbia fermato.

Ieri mi sono messo in marcia tardi e sono arrivato a casa a notte fonda e completamente esausto.

Venerdí 28 luglio 1944

Oggi ho iniziato a centrifugare il primo miele estivo: ha un sapore nettamente piú forte della raccolta primaverile. Fili sottili e profumati di fiori di mirtillo e di tiglio fluttuano nell'aria, e tutto nel capanno presto si copre di una rete sottilissima. Verso il miele ancora inquinato da ogni sorta di residui attraverso i filtri, poi travaso lo sciroppo in vasetti e li etichetto. Franz viene nel pomeriggio a darmi una mano.

Fin dall'inizio della guerra devo consegnare una parte del miele raccolto all'ufficio di distretto e richiedere lo zucchero per lo svernamento delle mie colonie. Nei prossimi giorni consegnerò la parte dovuta di questo miele e il resto lo venderò nei mercati settimanali e nei negozi o lo baratterò con generi alimentari.

Quando incontro Charlotte, la sera, mi dice che profumo di miele. Mi annusa tutto il tempo. Le dico che lei ha l'odore del lago, di alghe, trote e foglie di ninfea, perché nel pomeriggio è andata di nuovo a nuotare, e lí c'è un posto con tante ninfee. Sono esausto per la fatica e l'agitazione degli ultimi giorni, e mi addormento profondamente e senza sogni accanto a lei.

Non riesco a non pensare a Esther e alla sua bambina, continuo a sentirmi in colpa.

Sabato 29 luglio 1944

Qualcuno di Malmedy ha consegnato alla locanda una lettera di Louis ed Emma, e Sanny me la passa di nascosto mentre sono seduto al bancone. In bagno leggo che, cinque giorni dopo che l'ho portata da loro, Esther è scappata con la bambina morta. Non l'aveva seppellita, non voleva ammettere che fosse morta. Louis ed Emma l'avevano nascosta in una stanzetta in alto nel fienile e una mattina, quando sono saliti per portarle da mangiare, non c'era piú. Emma aveva scoperto che Esther era stata violentata dai soldati tedeschi e belgi e la bambina era rimasta schiacciata mentre gli uomini le saltavano addosso. I due ora temono che li tradisca, verrebbero arrestati e chiedono, preoccupati, se io so qualcosa su dove possa trovarsi. Spero che sia finalmente al sicuro e che un giorno possa dimenticare quello che le hanno fatto.

Anch'io ora ho paura di essere scoperto, per questo non ho chiuso occhio tutta la notte; probabilmente le mie crisi sono collegate anche alla situazione.

Martedí 1° agosto 1944

Oggi ho avuto una brutta crisi in biblioteca, il corpo si è contratto, sono caduto e alla fine ho perso conoscenza. Il fatto che la mia malattia stia peggiorando cosí tanto deve essere collegato al minor dosaggio di Luminal che assumo da un po' di tempo e alla terapia quasi esclusivamente a base di bromo. Devo cercare di sopravvivere in qualche modo fino alla fine della guerra con le pillole che ho accumulato, devo prenderne di meno, trovare il dosaggio appena sufficiente. Dopo la crisi non riuscivo a ricordare piú nulla; negli episodi precedenti avevo almeno un accenno di coscienza, questa volta non sapevo piú nemmeno chi fossi, ed è una strana sensazione non essere piú un individuo diverso da tutti gli altri, ma un minuscolo organismo parziale senza consapevolezza dell'io.

Quando ho ripreso i sensi sul pavimento della biblioteca, mi ero morso l'interno delle guance e sanguinavo dalla bocca. Charlotte era accovacciata accanto a me e mi tamponava la fronte con un fazzoletto, mentre io riuscivo a sentire il suo odore e avevo la sensazione che tutto il suo corpo fosse solo profumo; temevo che potesse scomparire, vedevo le sue pupille scure, i nèi sul collo, e mi ricordai degli altri.

Charlotte mi ha raccontato che ero confuso, deliravo, non ricordavo nemmeno il suo nome. Mi ha aiutato ad alzarmi, mi ha fatto sedere sulla sedia alla scrivania, mi ha portato un bicchiere d'acqua.

In biblioteca, volevo solo controllare se fosse stato lasciato un nuovo messaggio per me; il volume in cui presumevo che si trovasse giaceva ancora sul pavimento, accanto a me. Charlotte l'ha raccolto e l'ha rimesso al suo posto sullo scaffale. Chissà se ha guardato nel diario, che avevo lasciato sul tavolo.

Adesso non so nemmeno se ho ricevuto un messaggio, perché non potevo tornare allo scaffale, ero ancora troppo frastornato. E Charlotte ora può immaginare di quale malattia io soffra. Temo che non vorrà piú avere niente a che fare con me.

Giovedí 3 agosto 1944

Mentre ero seduto al caffè è entrata Charlotte e ha consegnato una lettera all'impiegato postale; nel suo sguardo ho visto solo disprezzo per me.

Sotto la pioggia torrenziale, la ronda è passata in moto e su un camion. L'acqua delle pozzanghere schizzava dagli pneumatici contro la vetrina; sulle superfici di carico stavano in piedi donne, uomini e bambini, senza alcuna protezione. Mi è parso di vedere una ragazza accovacciata contro lo sportello laterale, con uno zaino o una coperta stretti fra le mani. Per un momento ho pensato che potesse essere Esther. Di fronte, sulla scala d'ingresso della gioielleria, il signor Bliesheim era sotto la tenda del negozio e guardava in giú verso la strada, poi è scomparso brevemente all'interno, è ritornato fuori dopo pochi minuti e ha gettato qualcosa su uno dei camion.

Charlotte nel frattempo è uscita e ha attraversato la strada in direzione di una macchina, in cui suo marito la stava aspettando. Sono rimasto a lungo seduto al caffè e ho riflettuto sul mio futuro. La commessa ha detto a un cliente che non c'era piú torta di semolino, ma piú tardi me ne ha portato una fetta che aveva messo da parte appositamente per me. Ma la torta non mi è piaciuta.

Domenica 13 agosto 1944

Ho sognato di nuovo Charlotte; al risveglio ho cercato di fissare nella mente le immagini di lei.

Quest'anno l'erica nel cratere a imbuto della zona mineraria è fiorita prima del solito. È come se mi trovassi in mezzo al blu del cielo e allo stesso tempo al ronzio delle api, che sento già da lontano e che producono questo caldo vortice nella mia testa. Installo degli abbeveratoi nelle arnie in fondo agli imbuti; a queste temperature le api hanno bisogno di molta umidità per poter fermentare il nettare nel loro stomaco... Ma non voglio discuterne qui in dettaglio. Mentre sto lavorando alle arnie, le unità americane volano in un ampio fronte da ovest in direzione di Colonia.

Oggi, mentre lavoravo alle arnie, sono stato punto almeno dieci volte, sulle braccia, sulla gola, sulla guancia; un'ape mi ha punto nell'orecchio, un'altra sul cuoio capelluto. Non so perché all'improvviso mi attaccano, forse sentono l'odore della mia malattia. Una cosa del genere non mi succedeva piú da molto tempo.

La gatta aveva nascosto la sua cucciolata cosí bene nel fienile che ho faticato a trovarla. I piccoli hanno già aperto gli occhi e mi danno colpetti con il naso piatto sulle dita; piú tardi si uniranno ai gatti selvatici nella zona mineraria.

Martedí 15 agosto 1944

Assunzione di Maria

Negli ultimi giorni vedo pochi movimenti di aerei nel cielo chiaro, ma non ne conosco il motivo; c'è un tale silenzio che sento solo le api. Forse, senza accorgermene, sono finito in un altro mondo.

Al mercato ho incontrato Maria con suo marito e i figli; è passata indifferente davanti alla mia bancarella, senza degnarmi di uno sguardo. Sua figlia, che ha appena compiuto sei anni, mi ha fatto l'occhiolino. È molto carina, e non riesco a non sorridere quando la vedo. Con quelle fossette sulle guance, è proprio uguale a Maria da bambina. La piccola si è improvvisamente staccata dalla sua mano ed è venuta di corsa da me. Le ho dato un vasetto di miele primaverile e l'ho rispedita dai suoi familiari, mentre mi ricordavo di quando, a maggio, avevo lasciato gocciolare il miele sul seno di sua madre per poi leccarlo via a suon di baci. Il marito zoppica ancora, ma sembra essersi ripreso. Da quando è in licenza in famiglia, Maria non la vedo quasi piú, e questo me la rende ancora piú desiderabile. Spero che sia richiamato presto al fronte.

Giovedí 17 agosto 1944

Stanotte ho pensato di nuovo a Esther, non ho piú saputo niente di lei, e nemmeno Louis ed Emma hanno dato loro notizie. Forse ce l'ha fatta e non devo piú temere che mi tradisca.

Al mattino davanti alle aperture di volo della casetta delle api giacciono molti altri fuchi morti, probabilmente gli ultimi. Accade di rado che qualcuno sopravviva all'inverno nell'alveare, poiché per la colonia sono solo dei parassiti.

Le colonie hanno ancora molta covata nei favi, da cui adesso si schiudono le api invernali. Devono sopravviverne a sufficienza per garantire nell'arnia il calore necessario durante l'inverno.

Verso mezzogiorno fa cosí caldo che il catrame gocciola dal tetto del fienile. Le api avranno sete e raccoglieranno una gran quantità di gocce d'acqua.

Nel pomeriggio lavoro con Franz nel capanno. Viene ancora, nonostante Maria glielo abbia proibito, e il suo aiuto mi fa comodo. Abbiamo raccolto piú di venti secchi pieni. Il laboratorio è una sauna al profumo di miele, che luccica ambrato con briciole di cera ancora galleggianti sulla superficie. Solo quando abbiamo versato di nuovo tutto il raccolto attraverso un panno filtrante molto fine, travasiamo con cura il miele nei vasetti.

Franz racconta che i russi di notte vagano per il villaggio e catturano cani e gatti; li ha visti strappare la pelliccia a un gatto e divorarne su due piedi la carne cruda.

La sera, dopo tanto tempo, lavoro di nuovo al mio libro su Ambrosius e traduco alcune pagine che ho trovato nella cantina della biblioteca.

Frammento V
Monastero di Steinfeld, A.D. 1489

Ambrosius Arimond

Una mattina partimmo con due carri trainati da buoi e dieci uomini esperti del villaggio, venuti solo perché pregati da papà. Il reverendo Johann von Erkelenz diventava ogni giorno piú impaziente e sollecitava la partenza, perché ormai la rugiada si stendeva lungo i pendii brillando argentea, i fiori spuntavano da sotto la coltre di neve e le api volavano in giro laboriose e raccoglievano il nettare dai calici in fiore, segno che la primavera era finalmente iniziata. Contro la volontà di mio padre, il reverendo segretario insistette, e ottenne, che anch'io facessi parte della spedizione. Non desideravo altro, ero orgoglioso dell'attenzione di un cosí alto dignitario, che in pochi giorni mi aveva raccontato tanto di un mondo sconosciuto e aveva stimolato la mia mente con molteplici insegnamenti, che mi aveva avvicinato alle caratteristiche principali del latino, che lodava la mia intelligenza e voleva essere per me un secondo padre. Papà aveva ipotizzato la posizione approssimativa del lago ghiacciato sulla base dell'itinerario della processione e della descrizione fornita dal segretario. Lungo la strada c'imbattemmo nei cadaveri di soldati della guardia, che la neve ormai sciolta aveva coperto come un benevolo sudario. Il segretario non ci lasciò il tempo né per la sepoltura, né per una breve preghiera, ma dichiarò che avremmo portato le povere anime con noi durante il viaggio di ritorno e le avremmo fatte seppellire giú al cimitero del paese. In mezzo ad alte e minacciose pareti di roccia, trovammo davanti a noi il lago, simile a un enorme occhio divino, un occhio che scorge imperturbabile tutto ciò che è passato e futuro. Accanto alla mulattiera scoprimmo le carcasse di animali da sella, su cui erano appollaiate delle cornacchie che, solo quando ci avvicinammo a pochi metri, spiccarono il volo e girarono in cerchio sopra di noi gracchiando a tutta voce.

Lo spesso strato di ghiaccio del lago cominciava già a sciogliersi qua e là in pozzanghere scintillanti sulla superficie gelata.

Alla fine scorgemmo il carro, che nella bufera di neve era precipitato dall'alto sentiero sul passo fin giú lungo lo scosceso pendio. Emergeva in diagonale dalla superficie ghiacciata, irraggiungibile all'ombra della montagna. In un precedente periodo di disgelo era in parte affondato, per poi essere nuovamente bloccato nel ghiaccio durante un improvviso calo di temperatura. Ma ora ciò che era rimasto della carrozza rischiava di affondare definitivamente. Johann von Erkelenz sollecitò quindi un rapido salvataggio. Ciononostante, papà ci ordinò di riposare un po' e raccogliere le forze per l'ardua discesa.

Venerdí 18 agosto 1944

Le sirene ululano per la quarta volta quest'oggi. Squadriglie di Amiot, Blackburn, Curtiss Hawk, Lightning, Marauder, Morane-Saulnier e Spitfire volano in fitte formazioni che rimbombano sulla regione dell'Urft. Ogni tanto alcuni vengono colpiti dalla batteria antiaerea; i velivoli scoppiano in una palla di fuoco, oppure oscillano con le ali a brandelli, barcollano ancora per un po' e infine sfrecciano verso terra con un ripido avvitamento e si fracassano nell'impatto.

A volte i piloti riescono a salvarsi dagli aerei in fiamme. Fluttuano lentamente con il paracadute e atterrano da qualche parte nei campi, dove vengono catturati dalla polizia militare e immediatamente giustiziati.

Curtiss P-36 Hawk
Equipaggio: un uomo; Propulsione: un motore radiale Pratt & Whitney Twin Wasp, 700 CV; Armamento: due mitragliatrici Browning.

La scuola è chiusa già da una settimana, banchi e tavoli sono stati spostati all'aperto, nel cortile, e nelle aule i soldati dormono su stuoie di paglia. La navata della chiesa è stata colpita dalle bombe, proprio come alcune case sulla piazza del mercato.

Lunedí 21 agosto 1944

Speravo di incontrare Charlotte in biblioteca oggi, volevo parlarle, chiederle perché non vuole piú saperne di me, ma non c'era. È difficile rinunciare all'improvviso a un amore coltivato a lungo. Ho scambiato qualche parola con la signorina Elisabeth, che mi ha scrutato preoccupata e mi ha domandato se qualcosa non andava. Quando ho chiesto di poter scendere di nuovo in cantina per prendere i volumi rimanenti, mi ha detto di averli già portati su. In cantina non c'è piú niente da trovare, per questo è stata chiusa a chiave. Mi sono seduto al mio posto, ma non riuscivo a concentrarmi, e poco dopo me ne sono andato.

Una rinfrescante pioggia estiva dopo un lungo periodo di caldo, poi un temporale e lo scroscio di una grandinata con chicchi delle dimensioni di piselli.

Sono entrato alla panetteria Blasius e ho riflettuto a lungo se andare in farmacia, ma ho lasciato perdere, perché ora probabilmente ci sarà molta gente. La verità è che mi manca il coraggio.

La commessa è in piedi sulla porta e aspetta che smetta di piovere per ritirare la tenda da sole. Alcuni ragazzi, con indosso cappotti della contraerea troppo lunghi per loro, corrono alle posizioni di combattimento sul tunnel ferroviario. Ora sarebbero in seconda o terza superiore e leggerei con loro gli *Amores* e una selezione dell'*Ars amandi*.

Divertitevi: gli anni passano come l'acqua che scorre.
L'acqua che è passata non sarà chiamata indietro un'altra volta,
L'ora che è passata, non può tornare.
Bisogna approfittare dell'età: l'età scivola via con piede veloce
E non ne segue mai una cosí bella, quanto fu bella la precedente.

Avrebbero le loro difficoltà con la metrica, con la traduzione, si irriterebbero per l'inutile sforzo, non capirebbero la serietà dei versi e farebbero battute, ma forse in futuro se ne ricorderebbero.

Ieri il cimitero è stato colpito da parecchie bombe; le salme sono state scaraventate fuori dalle loro fosse e sepolte per la seconda volta in crateri appena aperti.

Martedí 22 agosto 1944

Ora che le giornate si accorciano, le api cambiano il loro ritmo di vita: l'istinto riproduttivo della regina diminuisce e quello di raccolta delle api operaie aumenta nuovamente, perché la colonia ha ancora bisogno di provviste per l'inverno. Portano il miele dalle aree esterne fino al centro dell'alveare, dove trascorreranno tutto l'inverno, e raccolgono la resina, da cui con le ghiandole producono lamelle di cera che usano per stuccare le fessure, coprire le superfici e rimpicciolire il foro di volo.

La sera sono stato da Sanny e ho passato la notte nell'unica camera degli ospiti non occupata dai soldati. Ho inultimente sperato che Maria mi raggiungesse. Quando mi sono svegliato, in tarda mattinata, e ho guardato fuori dalla finestra, dei bambini stavano facendo il bagno nell'acqua stagnante davanti al Rauschen; alcuni di loro erano in equilibrio sopra la diga di sbarramento resa viscida dalle alghe, da cui l'acqua precipita fragorosamente. Franz è tra loro. Dalla primavera è cresciuto di almeno dieci centimetri ed è diventato pelle e ossa.

Ho ricevuto un altro messaggio, tuttavia non so se sarò in grado di portare a termine anche questo incarico. L'intero paese è pieno di soldati, in quasi tutte le case ne sono alloggiati alcuni, anche da me. È diventato difficile andare a far visita e portare cibo a un nuovo fuggitivo nel nascondiglio senza essere notato. Dovrò prendere ogni volta la strada piú lunga attraverso la zona mineraria fino all'ingresso della grotta.

Sabato 26 agosto 1944

In serata, alla radio britannica arriva il comunicato che gli Alleati hanno accerchiato due armate tedesche vicino a Falaise, e che le unità riuscite a fuggire hanno ripiegato verso la Senna. Parigi è stata liberata. Dopo la laurea, trascorsi alcune settimane nella bella capitale francese; era una calda primavera, passeggiavo per le strade, sedevo nei caffè e visitavo i musei. Alloggiavo a Montmartre, ricordo persino l'indirizzo: rue Victor Massé 6.

Ho già condotto nella grotta il nuovo fuggitivo, un vecchio e grasso docente universitario. Il viaggio mi ha prosciugato le forze, perché ho dovuto portare le sue due pesanti valigie per tutto il tempo; non ho idea di come ce l'avesse fatta fino a qui. Si è dovuto riposare piú volte, poi si è seduto affannato su una valigia. Con il suo completo nero, il papillon grigio argento e la camicia bianca, sembrava appena uscito da una lezione.

Non mi era mai capitato un tipo del genere. È stato difficile farlo proseguire, e mi sembrava che non fosse affatto consapevole del grave pericolo.

Quando finalmente siamo arrivati al nascondiglio, ho constatato che una delle valigie conteneva quasi esclusivamente libri. Gli ho urlato contro furibondo che, se avessi saputo cosa stavo trasportando, avrei gettato la valigia in una dolina. Ho scoperto che ha scritto lui stesso tutti quei libri; non so a cosa gli possano ancora servire.

Quando mi stendo a letto, la notte, mi pare di sentire i richiami lamentosi delle giovani api regine; sono le grida spettrali con cui dall'interno delle loro celle esortano la vecchia regina a combattere. Le operaie non le fanno ancora uscire dalle loro prigioni.

Domenica 27 agosto 1944

Negli ultimi giorni sono stato impegnato con i preparativi per il trasporto del fuggitivo. Nelle scorse settimane ha fatto molto caldo e alcuni alberi stanno già perdendo le foglie. A causa dei soldati acquartierati a casa mia, come temevo ho dovuto fare il giro piú largo, attraverso la zona mineraria, per portare al vecchio nel nascondiglio un po' di cibo. Non l'ha toccato, ma mi ha impartito una lezione sul pensiero, il quale da un lato richiede grande coraggio e fa male, ma dall'altro è indispensabile al nostro essere umani. Inoltre, continuava a parlare di qualche animale che, a suo parere, imperversa pericoloso nella grotta. È venuto fuori che era solo la gatta, i cui occhi brillano di verde quando siede su una delle rocce al buio e osserva il vecchio. Tra otto giorni, martedí 5 settembre, porterò finalmente il professore al confine. Mi ha raccontato di essersi nascosto da una cantina all'altra per tutti questi anni e che solo i suoi libri lo hanno tenuto in vita. Mi ha pregato di sparargli, se dovessimo essere scoperti sulla strada verso il confine. Gliel'ho promesso, nonostante io non possegga affatto un'arma, altrimenti non mi avrebbe dato tregua. Fino alla presa del potere, cosí mi ha raccontato, è stato professore di letteratura tedesca a Lipsia; dice orgoglioso di aver scritto libri su Jean Paul e su Klopstock, oltre a critiche letterarie per importanti quotidiani, e ha sottolineato pieno di rabbia che io, come ex insegnante del ginnasio, avrei dovuto conoscere il suo nome. Questa volta per vitto, alloggio e trasporto chiedo trecento marchi. In una delle sue valigie il professore ha nascosto argenteria, gioielli e orologi. Gli ho spiegato che non può portare tutto con sé, ma che piú tardi, quando la guerra sarà finita, potrà ritirare tutto ciò che gli appartiene. Ho depositato le sue cose in una nicchia nella grotta, dove si trovano anche gli oggetti di valore degli altri fuggitivi.

Giovedí 31 agosto 1944

Arrivano in formazioni fitte, riempiendo il cielo con le loro silhouette scure: i Lancaster britannici, cosí come i Lightning a doppio scafo, equipaggiati con cannoni Hispano e mitragliatrici Browning. Non perdono mai occasione di attaccare i civili. Il fragore della contraerea è quasi insopportabile, tanto quanto il fischio e il ronzio delle bombe che cadono; alcune di esse esplodono già in aria e distruggono i loro obiettivi con le onde d'urto, altre solo dopo aver sfondato un muro, per poi lasciar sciogliere le case esplose come pezzetti di burro in una padella. Lo sferragliare delle mitragliatrici, i caccia che fanno fuoco da diverse direzioni... A seconda delle armi con cui sono equipaggiati, si vedono lampi guizzanti o tracce luminose. Un carro sta percorrendo l'argine e, colpito, precipita nel fiume; dei soldati corrono lungo Bahnhofstraße, in preda al panico. Almeno tre Lightning sono stati colpiti dalla contraerea durante questo attacco, e la stazione è di nuovo distrutta.

Dopo il bombardamento sono stato reclutato per il lavoro di sgombero. I morti li lanciamo semplicemente nei crateri delle bombe. Non sempre riesco ad arrivare al nascondiglio; ieri durante il lavoro nel caseificio distrutto ho avuto un'altra crisi e incespicavo tra le macerie, senza sapere dove mi trovassi. Alla fine mi hanno portato da Sanny alla locanda.

Lunedí 4 settembre 1944

Domani parto. Negli ultimi giorni mi sono sentito bene, perché ho preso regolarmente il Luminal, ma le compresse stanno per finire. Il professore qualche giorno fa ha calpestato i suoi occhiali, senza i quali non vede praticamente nulla. Dovrò guidarlo come un cieco attraverso la zona mineraria fino al carro e poi al punto concordato per il trasferimento al confine. Sarà probabilmente il mio ultimo viaggio, perché il fronte si avvicina sempre piú; le unità britanniche sono già a Liegi, e le truppe tedesche in ritirata stanno attraversando il confine occidentale verso la regione dell'Urft. I contadini saranno presto evacuati dalle zone piú alte, perché le loro fattorie verranno utilizzate per la difesa. Ho sentito dire che si rifiutano di lasciarle. Hanno coltivato i campi, e ora non potranno raccogliere. Se sarà possibile, scambierò il miele primaverile e le candele con barattoli di carne di maiale sotto sale e patate novelle. Chissà se questa volta ce la farò ad arrivare ai miei apiari, la polizia militare è ormai dappertutto. Ho una gran paura di attirare l'attenzione, perché ho dovuto ingrandire molto la cassetta per nascondere il vecchio. Chiunque s'intenda un po' di api riconoscerà immediatamente che non si tratta di una vera arnia, che c'è qualcosa che non va.

Venerdí 8 settembre 1944

Tornato sano e salvo dopo tre giorni. Sono passato davanti a veicoli e materiale bellico distrutti. I contadini hanno cominciato a portare a valle le loro mandrie dalle zone piú alte, e le unità in attesa degli ordini di marcia si sono accampate lungo la strada per Losheim. Sono stato fermato piú volte e ho dovuto esibire il lasciapassare e spiegare lo scopo del mio viaggio. La polizia militare con l'emblema nero delle SS ha ora sostituito la polizia di frontiera. Ogni volta avevo paura che l'arnia troppo grande attirasse l'attenzione di uno di loro, che il vecchio ci tradisse con la tosse o con il forte ansimare, o che i soldati mi confiscassero il carro. Per precauzione avevo con me miele e liquore da offrirgli. Alla fine ho lasciato la strada e ho condotto il carro solo su sconnessi sentieri secondari, cosa che ha richiesto molto piú tempo, ma in cambio non ho incontrato nessuno.

Quando ho raggiunto il confine e ho subito aperto l'arnia, il professore era rannicchiato morto tra i suoi escrementi. Poiché non riuscivo a tirarlo fuori dalla cassetta e non potevo comunque seppellirlo senza una zappa né una pala, mi sono addentrato un po' nel bosco e ho trovato un punto luminoso in cima a un pendio da cui si può vedere fino in fondo alla valle e ben oltre il confine, e dove sicuramente nessuno lo scoprirà. Lí l'ho spinto giú dal carro con tutta la cassetta, e mi sono fatto carico delle regine e dei suoi oggetti di valore. Non ho piú bisogno dell'arnia, a breve non porterò piú nessuno al confine. In fondo il vecchio ha una bella bara, di gran lunga piú bella di qualunque altra io abbia mai visto. Prima o poi tornerò a seppellirlo.

Stranamente le arnie Langstroth al confine non sono distrutte, e le colonie sono in buone condizioni e stanno preparando diligentemente la loro residenza invernale. In alcune colonie infestate da acari ho completato il trattamento con acido formico. Le api sono sane e pronte per la stagione fredda. Solo quando in primavera la guerra, si spera, sarà finita, ho in previsione di tornare da loro per vedere come stanno.

Ho aspettato Anna, ma questa volta non è arrivata. Piú tardi sono venuto a sapere che suo marito è tornato a casa, gravemente ferito. Non esiste una famiglia in cui un figlio, un padre o un parente stretto non sia caduto.

Mercoledí 13 settembre 1944

Le api ora raccolgono il nettare dall'edera in fiore e dalle canne di vetro sulla riva del fiume. Ritornano all'alveare cariche di polline giallo brillante.

Da Sanny si sente raccontare che gli Alleati hanno preso Roetgen, la cittadina sul confine belga, praticamente a due passi da qui. Ora la speranza è che presto libereranno anche Aquisgrana e poi noi. I bombardieri britannici sorvolano la nostra regione ogni notte, sganciando il loro carico mortale principalmente sulle zone residenziali delle città del Basso Reno, per abbattere il morale della popolazione. Gli americani, invece, volano alla luce del giorno e bombardano soprattutto le attività commerciali e le vie di comunicazione essenziali alla guerra. Giunge voce che interi quartieri di Colonia, Bonn, Duisburg e Bielefeld siano completamente distrutti.

Solo se le circostanze lo permetteranno, alla fine di ottobre tornerò ancora una volta agli apiari al confine, per congedarmi. A partire da novembre, le zone d'alta quota sono per lo piú coperte di neve e completamente inaccessibili, e le api restano abbandonate a loro stesse.

Giovedí 14 settembre 1944

Il pilota americano giaceva non lontano dall'ingresso della grotta. Probabilmente ha vagato senza sapersi orientare nella notte ed è caduto giú dalla testa d'elefante lungo il ripido pendio profondo circa dieci metri, alla cui base l'ho trovato, inerte, con indosso l'uniforme da ufficiale strappata e una targhetta su cui era ricamato "Steward". Sulla nuca aveva gravi ferite sanguinanti, e si era avvolto le mani bruciate in stracci. Ho dovuto portarlo via velocemente, perché di sicuro la polizia militare lo starà già cercando. A fatica l'ho tirato giú dai detriti fin dentro la grotta, non sapendo nemmeno se fosse ancora vivo. Steso sulla riva del lago, ha iniziato a gemere e a sbattere rapidamente gli occhi. È ancora giovane, forse ha l'età dei miei ultimi studenti, e anche loro ora sono in guerra da anni. Dato che non si muoveva, temo abbia ferite letali, forse si è persino rotto la spina dorsale; non sono sicuro che sopravvivrà. Alla fine l'ho messo sulla zattera e l'ho portato al deposito.

Stamattina ho rivisto le scie di fuoco dei grandi razzi Aggregat. Mi sono chiesto se Alfons sogni ancora di esplorare lo spazio e cosa ne sia ora del mio amico Kurt, di cui Lünebach non ha notizie da mesi. Mi piacerebbe volare con lui e mio fratello nella nostra capsula, dalla miniera verso un pianeta in pace.

Lunedí 18 settembre 1944

Quando oggi sono arrivato al nascondiglio, Steward era scomparso; alla fine l'ho scovato sotto il mucchio di vestiti sparsi in giro, dove si era rintanato come un animale impaurito. Quindi riesce a muoversi, ho constatato con sollievo, e ho cercato di parlargli in inglese; non faceva parte dell'equipaggio di un Mitchell, bensí di uno dei Lightning abbattuti due settimane fa. Mi ha chiesto cosa ne è stato dei suoi commilitoni. Non ne so niente, ho mentito; alla locanda giorni fa hanno raccontato di aver fucilato un gran numero di piloti americani e inglesi.

Non ho idea di che fare con lui, ha la febbre alta; gli ho dato da mangiare e da bere, gli ho medicato le ferite con il propoli disinfettante, ma non ho nient'altro. Di piú non posso fare. Casa mia è piena di soldati acquartierati, devo stare attento a non destare sospetti. Uno di loro, la settimana scorsa, era in giardino proprio all'imbocco della galleria, e guardava dentro curioso; per fortuna probabilmente era troppo ubriaco per ipotizzare alcunché al riguardo.

Mercoledí 20 settembre 1944

Per alcuni giorni l'allarme antiaereo non ha suonato, ma ieri sera, poco prima dell'imbrunire, le sirene hanno ululato di nuovo. In quel momento ero con Steward e stavamo conversando. È un giovane intelligente, mi ricorda Gerhard, uno dei miei migliori studenti, che con il suo sorriso silenzioso mi faceva capire che gli era tutto chiaro, e che ora sta combattendo da qualche parte al fronte o forse è già caduto da tempo. L'attacco è durato esattamente un'ora; cosí in profondità sottoterra, non ci si accorge quasi di nulla.

Ora, alle due e mezzo del mattino, le sirene ululano di nuovo. In sogno mi era parso di sentire ancora le urla delle api regine prigioniere nelle celle. La contraerea spara senza sosta, e i colpi fanno tremare i vetri delle finestre oscurate davanti alla mia scrivania. Porto al sicuro la macchina da scrivere.

Ho dovuto prendere di nuovo il Luminal per prevenire una crisi.

Alcuni giorni svaniscono completamente dalla mia memoria, ma stranamente trattengo ciò che ho letto, riesco a ricordarmene meglio che degli eventi quotidiani.

Ho lavorato in giardino e poi mi sono occupato fino a notte dei piselli, dei fagioli e delle carote che ho raccolto; uva spina e prugne per la marmellata, mele per la composta. Nella cottura ho potuto usare poco zucchero, è ormai una rarità e ne ho ancora solo poche zollette, che mi servono per le api.

Per quel che mi riguarda non ho quasi piú fame, divento sempre piú magro; forse è dovuto alla mia malattia. Aspetto un messaggio da Alfons.

Venerdí 22 settembre 1944

Steward si è ambientato, si è persino rasato e tagliato i capelli. Mi rendo conto di quanto sia ben attrezzato il mio accampamento sotterraneo. Ora il ragazzo indossa abiti civili, che ha raccattato dal mucchio sparso in giro. Gli ho mostrato sulla mappa dove siamo esattamente, e dove passa il confine con il Belgio. Gli ho comunicato che gli Alleati l'hanno già varcato in alcuni punti, ma sono stati di nuovo respinti. Ho cercato di spiegargli che sarebbe molto piú saggio restare semplicemente qui nel nascondiglio e aspettare che alla fine arrivino i suoi compatrioti; non può durare ancora a lungo. All'improvviso ho una crisi, tutto mi si offusca davanti agli occhi, salto su, barcollo, sparisco nel buio della grotta, inciampo e cado. Quando torno in me, Steward mi sta fissando inorridito. Mi pulisce il sangue dalla fronte e mi aiuta ad alzarmi. Prima che me ne vada, mi chiede carta e penna.

Non ho piú rivisto Charlotte, e ora in biblioteca c'è sempre la signorina Elisabeth. Quando le chiedo della sua collega, scuote il capo in modo incomprensibile. Cerco di lavorare di nuovo sui frammenti, ma mi è sempre piú difficile concentrarmi.

Autunno 1944

Sabato 23 settembre 1944

Negli ultimi giorni le colonie hanno quasi completamente interrotto la loro attività di cova; dato che le api estive morenti non vengono tutte sostituite dalle api invernali, la colonia inevitabilmente si riduce perché, per sopravvivere alla stagione fredda, non ha bisogno di cosí tante api. Nelle prime notti gelide formano un grappolo, in cui si riscaldano a vicenda. Poi strisciano sui favi come al rallentatore e comunicano tra loro attraverso odori e tocchi. Guardarle è come guardare in un cervello sognante. A un certo punto la vita delle api si mescolerà con la mia, e la loro e la mia non saranno piú distinguibili; farà buio come in un alveare d'inverno.

Lascio il cane a Steward, cosí il ragazzo non è del tutto solo nell'oscurità.

Domenica 24 settembre 1944

L'aggiunta di polline dalla senape dei campi e dalla facelia lilla è stata cosí abbondante, nelle ultime settimane, che le mie colonie hanno potuto certamente immagazzinare abbastanza polline e miele per superare l'inverno. Inoltre, do loro la razione di mangime liquido e mimetizzo il piú possibile le arnie con rametti.

Lünebach ha ricevuto la notizia che i due figli maggiori sono caduti, solo Kurt è ancora vivo e sta combattendo da qualche parte sul fronte orientale.

Ora ho grossi problemi di concentrazione, dubito delle mie percezioni, credo di essere insieme a Charlotte, entrambi nella nostra stanza ad Al-Minya. Sogno le api, parlo con loro; a volte ho la sensazione di essere io stesso un'ape e mi stringo alle mie sorelle per riscaldarmi. Ma poi percepisco le loro punture, i loro pungiglioni ardenti e il loro veleno ammaliante.

Sarebbe meglio che Steward sparisse; forse dovrei tradirlo, denunciare che si nasconde qui. La vita diventa sempre piú pericolosa, ormai vedo in chiunque un informatore. Ma non è forse vero che ogni persona, ogni essere vivente, ama prima di tutto se stesso?

La sera, un furgone militare viene attaccato da aerei a bassa quota. Il conducente giace morto accanto alla sua vettura. Fumo e sporcizia nera ovunque, una donna è colpita da un proiettile vagante all'ingresso di casa.

Lunedí 25 settembre 1944

Semplicemente non sopporto piú il rumore, lo sfarfallio delle granate e delle bombe e la paura costante. Non scrivo quasi piú niente, perché niente mi sembra degno di essere scritto. È l'epilessia non trattata in modo adeguato che provoca in me questa sensazione? Charlotte mi evita. Devo già essere contento che non mi tradisca. Sono stato piú volte alla villa di notte, negli ultimi giorni, e ho guardato in su verso le finestre illuminate; ora mi sembra di aver sognato tutto.

Ho avuto un'altra lunga crisi. Ricordo solo le urla squillanti delle regine.

Nel pomeriggio mi costringo ad andare in farmacia per prendere il Luminal. Ne ho assolutamente bisogno, perché senza farmaci le convulsioni aumenteranno; e piú diventano violente e piú a lungo devo stare in quest'altro mondo, piú cellule cerebrali muoiono e piú è probabile che si creino danni irreversibili. Poiché perderò i ricordi, dovrei annotare scrupolosamente ogni piccolezza, fissare ogni singolo momento, ma non ho piú abbastanza forza.

Quando entro nel negozio, il farmacista scompare e viene a servirmi sua moglie. È piccola e graziosa, ha labbra sottili e contratte e capelli rigidamente pettinati all'indietro. Io dimentico le parole, balbetto, mi vedo allo specchio sulla parete, la saliva mi cola dagli angoli della bocca; è come se mi stessi trasformando in un altro essere, che mi disgusta. Potrei tradire Steward, forse mi daranno qualcosa se lo consegno. «Mi dispiace, ma non abbiamo piú i farmaci per la sua malattia» la sento dire ad alta voce. «Posso pagare, chiami suo marito!» «Si sieda lí, per favore» risponde. Mi sistemo su una sedia e la vedo frugare frettolosamente in uno dei tanti cassetti. Poi viene da me e, con l'indice della mano sinistra sulle labbra, mi infila un pacchetto di Luminal nella tasca del cappotto. Rifiuta il mio denaro.

Martedí 26 settembre 1944

Ora sto di nuovo meglio. Se prendo regolarmente le medicine, me la cavo. Ma basteranno solo fino alla fine dell'anno, e poi? Non so cosa succederà poi. Di cos'altro dovrei avere paura?

Vicino allo steccato del giardino fioriscono le calendule, la digitale e la malvarosa che mia madre seminò tanto tempo fa. La rivedo in giardino, come lavora, come si lava le mani nella tinozza; tutto è cosí reale che sento persino gli spruzzi dell'acqua.

Devo sostenere i rami del vecchio melo con dei pali. C'è ancora molto lavoro che mi aspetta nel giardino. Le piccole recinzioni intorno alle aiuole di ortaggi sono fuoriuscite dalla terra e devono essere raddrizzate.

Ci sono sempre piú spesso allarmi antiaerei, ma si tratta perlopiú di sorvoli.

Lascio che i residui di cera rimasti dopo aver tolto l'opercolo si sciolgano al sole e raccolgo la cera ancora contaminata in un secchio. D'inverno lo scioglierò di nuovo, lo verserò attraverso un setaccio fine e produrrò delle candele. Certamente riuscirò a venderle bene, la corrente continua a saltare e la puzza delle lampade a carburo è insopportabile; le candele profumate saranno molto richieste.

Stanotte il cielo stellato con tutte le sue immagini è chiaramente visibile; non c'è nessun aereo, tutto è tranquillo e silenzioso. Siedo nell'oscurità, accanto alla casetta delle api, sullo sgabello di mio padre. Stanotte dormirò bene.

Domenica 1° ottobre 1944

Ieri sera, poco prima dell'imbrunire, le sirene hanno ululato di nuovo. L'attacco è durato esattamente un'ora e adesso, alle due e mezzo del mattino, ricomincia di nuovo. La nebbia del fiume si stende come un filato di seta sulle isole fluviali. Sento le urla della gente che corre verso il bunker, il brontolio attutito dei Wellington e dei Marauder; sono bombardieri, ora sembra che stia proprio cominciando per bene.

Ho dovuto prendere di nuovo due Luminal per scongiurare una crisi.

Steward è scomparso e ha portato con sé il cane. Sul materasso trovo una lettera indirizzata ai suoi genitori. Non so che cosa farci, come spedirla; per il momento la custodirò. In un certo senso, sono sollevato di essermi finalmente liberato del ragazzo.

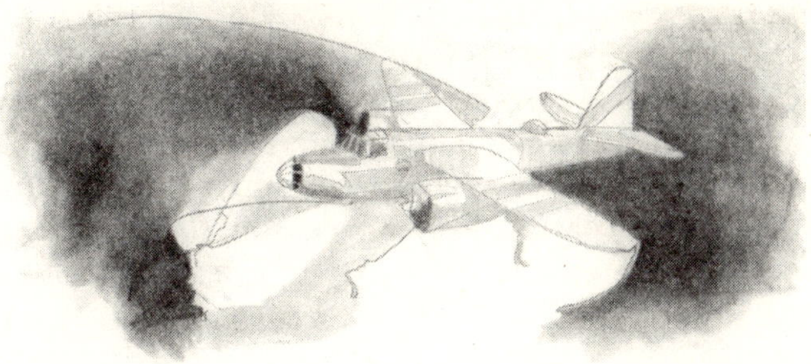

Martin B-26 Marauder
Equipaggio: sette uomini; Propulsione: due motori Pratt & Whitney a doppia stella, ciascuno 1920 CV; Armamento: undici mitragliatrici Browning; Carico bomba: 1815 kg.

Lunedí 2 ottobre 1944

Le patate mostrano i primi segni di peronospora. Per evitare la diffusione del fungo, le raccolgo subito e le conservo in cantina. Procuro anche paglia e fieno per il cavallo. La polvere di amido di mais, la farina, la pancetta posso barattarle con i miei prodotti al miele. Il raccolto quest'anno è stato buono, o almeno molto migliore di quanto pensassi; tuttavia ora devo consegnare i due terzi del mio miele al punto di raccolta del distretto.

Riparo il tetto del fienile.

Il vento tiepido sfiora le foglie colorate della chioma del frassino; i cirri bianchi e trasparenti appaiono infinitamente lontani. L'ombra sotto il vecchio albero pare una tenda che sventola.

Penso di completare la somministrazione di zucchero a tutte le colonie entro la fine di ottobre; senza questo aiuto le api al confine dovranno arrangiarsi. Da lí, viaggiando su carri sottratti ai contadini, al crepuscolo si avvicinano dei soldati. Con i motori spenti, i Lightning compaiono silenziosamente sopra le loro teste, che poco dopo spariscono nell'accecante luce delle esplosioni.

Mercoledí 4 ottobre 1944

A tutt'oggi Steward non è tornato. Sento dire che gli inglesi e gli americani hanno conquistato il confine, e le fattorie degli immigrati e i villaggi sono stati quasi rasi al suolo nei feroci combattimenti. La popolazione lungo il confine viene evacuata, per poter utilizzare le case come muro di protezione per la difesa. Sarebbe stato davvero molto meglio se Steward fosse rimasto qui nel nascondiglio sino alla fine della guerra, ma magari ce l'ha fatta a raggiungere i suoi compagni.

Temo che qualcuno possa tradirmi; tutto questo parlottare alle mie spalle e questi sguardi in tralice… Ma forse è dovuto solo alla mia immaginazione e alla folle paura di ulteriori crisi. Una bomba ha frantumato le finestre della cucina, e di fronte a Lambertz la strada è un unico grande cratere.

Passo il mio tempo con le api, durante gli attacchi mi trattengo nella casetta che si trova direttamente sulla roccia ed è quasi invisibile, grazie ai frassini e ai pini che sorgono in cima. Se la situazione dovesse peggiorare striscerò nella galleria, dove ho già portato al sicuro alcune arnie.

Sabato 7 ottobre 1944

È già mezzogiorno e la nebbia non si è ancora diradata; non riesco nemmeno a vedere i pini, non avrei mai pensato di rallegrarmi per un tempo cosí tetro. Gli aerei alleati aspettano un clima migliore sul Belgio e sulla Francia. Le mie api rimangono nell'arnia; senza sole sono disorientate e, in ogni caso, i fiori hanno chiuso i loro calici. Controllo le colonie trattate con acido formico, cerco la covata aperta, vedo se tutte le regine stanno bene.

Sul lungolago due soldati morti giacevano sotto una coperta da cavallo. Il vento aveva scoperto la testa di uno di loro, e i suoi occhi aperti mi guardavano, simili a lisci sassolini grigi.

Nell'arnia (n. 37) ho trovato un topo, che deve essere penetrato nell'alveare attraverso la stretta apertura di volo. Le api l'hanno paralizzato con i pungiglioni e poi, battendo le ali, hanno generato un calore tale da bruciarlo internamente. In seguito hanno imbalsamato l'intruso con la loro resina, in modo cosí artistico che ora sembra la mummia di un piccolo faraone. Le api non riescono a gettarlo fuori dall'alveare, cosí lo faccio io per loro.

La sera, alla locanda, il marito di Maria si siede accanto a me al bancone; non mi dice una parola, mi guarda solo di traverso. Le sue ferite sono guarite completamente; tra qualche giorno, a quanto pare, dovrà tornare al fronte. Svuota il bicchiere, se lo fa riempire subito di nuovo, beve senza sosta; poi, con uno scatto, si alza e corre rigido verso l'orinatoio.

Domenica 8 ottobre 1944

Centrifugo il miele della raccolta estiva, poi lo filtro dalle piccole impurità e lo confeziono in vasetti. Gli alveari buoni hanno fornito un totale di trentacinque-quaranta chili quest'anno. Sui vasetti incollo le etichette con l'annata "estate 1944" e indico la rispettiva varietà: miele di acacia, miele di erica, miele di fiori, miele di abete, miele di foglie. Li conservo in cantina accanto al liquore. Nei prossimi giorni mi dedicherò alla vendita; anche se i mercati pubblici sono vietati a causa dei continui attacchi, non avrò difficoltà a trovare acquirenti, perché non c'è quasi piú nient'altro per dolcificare. Purtroppo, il contributo in natura che devo consegnare sotto forma di miele è aumentato di nuovo.

La sera cado a letto esausto. Nel cuore della notte mi sveglio e quasi impazzisco per il rumore dei cannoni antiaerei e il rombo di quelli sui fianchi dei caccia; i fari illuminano a giorno per diversi minuti. Attraverso le finestre aperte, le tende sventolano in cucina. Prendo il Luminal, mi accovaccio irrigidito in un angolo e infine perdo conoscenza. Quando torno in me, mi sdraio tremando sul pavimento e mi ritrovo con un bigodino di Charlotte tra le dita, cosí rigide che riesco a muoverle solo con difficoltà.

Lunedí 9 ottobre 1944

Nebbiosa giornata d'autunno; la burrasca fa volteggiare le foglie del faggio e dell'acero sui campi, e i corvi danzano con il vento. Gli aerei non si arrischiano attraverso la bassa coltre di nubi. Per il prossimo fine settimana erano in programma una fiera e una sagra con ballo nella sala di Sanny. Mi dispiace che il ballo non abbia luogo, anche se non amo particolarmente danzare.

Ho ricevuto l'incarico di consegnare le tessere per le razioni alimentari, ordinate negli scomparti di un portadocumenti e classificate per nome, via e numero civico. In un elenco sono annotati i destinatari e il numero di tessere a cui hanno diritto. Molti si lamentano di non ricevere abbastanza bollini, ma non ce ne sono a sufficienza, soprattutto per i bambini piccoli e le donne incinte. Quando li consegno, devo barrare la casella del nome sull'elenco e farla firmare. Sto fuori tutto il pomeriggio. Una bambina mi chiede perché non sono in guerra come il suo papà.

Da Blasius, leggo sul *Völkischer Beobachter* della coraggiosa battaglia difensiva a est, dell'allineamento del fronte che procede secondo i piani a ovest, infine dell'imminente controffensiva che porterà alla vittoria finale e dei razzi Aggregat, la nostra arma miracolosa, che hanno già annientato le piú grandi città del nemico. *Fabulae*, penso.

Martedí 10 ottobre 1944

Dopo il viaggio per vendere il miele estivo, la sera come spesso accade mi fermo da Sanny, che trovo impegnata a lavare il pavimento. Le lascio sempre qualche vasetto, che vende segretamente per mio conto. I clienti raccontano che c'è un soldato americano nei campi in altura e si vocifera che un contadino gli abbia dato rifugio, ma sia stato tradito; l'americano è riuscito a fuggire e ha sparato a diversi poliziotti militari. Indossava abiti civili e pare avesse con sé anche un cane. Forse era Steward; ho pensato spesso a lui, il suo volto gioviale non mi esce dalla mente, ma non oso chiedere. L'intera famiglia del contadino e i lavoratori forzati della fattoria sono stati fucilati per aver prestato assistenza al nemico. Sono molto contento di essermi liberato di Steward.

Ho trascorso di nuovo la notte da Sanny, in una delle camere degli ospiti. Dev'essere stata una crisi terribile; prima un fulmine davanti agli occhi chiusi, poi un boato nelle orecchie e infine lo scuotimento compulsivo della testa, come se tutti i percorsi neurali del mio cervello si fossero raggruppati in un groviglio sempre piú grande, per poi farmi scoppiare il cranio in un'esplosione. Dopo tutto ciò, le cellule nervose sembrano bruciare e ho la sensazione di volare via in un'enorme scintilla elettrica. Dappertutto immagini confuse e sogni folli, e alla fine piú nulla, solo oscurità e oblio.

Mercoledí 11 ottobre 1944

Ora, oltre agli aerei inglesi e americani, noto sempre piú spesso anche aerei da combattimento francesi e russi, dei quali però non riconosco la maggior parte dei modelli. Ho smesso di contare gli aerei molto tempo fa, è come voler conoscere il numero degli insetti che svolazzano d'estate.

Aerei da caccia e aerei a bassa quota:
Boulton Paul Defiant
Douglas P-70
De Havilland DH.98 Mosquito
Lockheed P-38 Lightning
Vickers Wellington

Bombardieri leggeri:
Bristol Blenheim
Douglas DB-7
Martin B-26 Marauder
Martin A-22 Maryland

Bombardieri pesanti:
Armstrong Whitworth A.W. 38 Whitley
Boeing B-17 Flying Fortress

Bristol Beaufort
Handley Page Halifax
Consolidated B-24 Liberator

Alcuni hanno cabine a vetri davanti e dietro, e la strumentazione di bordo manovra mitragliatrici e cannoni; inoltre, all'esterno sono montate bombe pesanti, che esplodono con un forte effetto di dispersione appena sopra gli obiettivi.

Qualche giorno fa, con mia grande meraviglia, ho visto in alto nel cielo diversi Short Sunderland inglesi con quattro motori a propulsione Pratt & Whitney da 1200 CV; enormi idrovolanti con un equipaggio fino a nove membri, che non sono previsti per essere impiegati sopra la terra.

Ho paura di quello che ci aspetta.

Sabato 14 ottobre 1944

Nell'angolo piú profondo del grande bunker in Bahnhofstraße, tutto lo spazio è occupato da un grappolo tremante di persone, e l'umidità della galleria sembra gocciolare dal soffitto assieme alla nostra paura.

Sono corso anch'io con il flusso dei fuggitivi, ma ora sono piú spaventato qui tra la folla che fuori, sotto la tempesta di bombe; mi premo contro la parete, terrorizzato all'idea di avere una crisi. Nella parte anteriore della galleria, illuminata dalla luce tremolante delle puzzolenti lampade a carburo, noto la presenza di Charlotte. Da quanto tempo non la vedevo, quanto l'ho desiderata. Cerco di raggiungerla, ma prima che riesca ad avvicinarmi arriva suo marito e la porta in una delle stanze sul retro, dove ci sono i bagni, l'acqua corrente e i letti. Fuori tuona senza tregua; pezzetti di roccia si staccano dal soffitto della galleria e ci piovono addosso.

Mentre cammino per le strade dopo il segnale di cessato allarme, ovunque si aprono i crateri delle bombe e intere file di case sono scomparse. I morti giacciono in mezzo alla strada, vestiti solo con la biancheria intima, le case bruciano e crollano, i vapori caldi e corrosivi del materiale esplosivo mi ostruiscono il naso. Quando arrivo alla piazza del mercato, vedo pantaloni e giacche pendere in alto tra i rami dei castagni.

I prigionieri ai lavori forzati riparano di nuovo le rotaie e spalano le macerie dai marciapiedi. La biblioteca è stata colpita; procedo a tentoni nell'oscurità polverosa delle scale, mi fermo in piedi davanti al mio tavolo e fisso i libri coperti di schegge di vetro e intonaco.

Lunedí 16 ottobre 1944

Oggi da Blasius c'era una lettera di Alfons, grazie a Dio è vivo. Poiché l'impiegato postale non era allo sportello provvisorio, è stata la commessa a consegnarmi la lettera. Alfons scrive che la sua squadriglia è stata trasferita in un luogo qui in zona, ma non gli è permesso nominarlo. Si informa su di me, chiede se la nostra casa è ancora in piedi e vuole sapere come stanno le mie api. Quasi non ci credo: Alfons chiede davvero delle api, anche se non gli sono mai piaciute. Dopo la morte di papà aveva persino proposto di vendere tutte le colonie. Tra le righe vengo a sapere di una grande offensiva con cui gli Alleati verranno annientati e respinti definitivamente a occidente. Anche Alfons, adesso, crede a ciò che desidera. Il suo squadrone, ne è certo, avrà un ruolo decisivo; presto bombarderà la regione dell'Urft e penserà a me. Ora vola su un Messerschmitt Me 262, un caccia a reazione che supera la velocità del suono. Scrive che nel suo velivolo si sente come su un razzo. Vorrei rispondergli che deve tornare a casa e nascondersi nella nostra grotta fino a quando tutto questo non sarà finito. Accenna di aver cercato di procurarmi le medicine, ma è impossibile, ora vive solo in aria. Chiede se il pacco che mi ha mandato mesi fa è arrivato. Adesso non ho piú alcuna speranza di ricevere di nuovo qualcosa da Alfons.

Messerschmitt Me 262
Equipaggio: un uomo; Propulsione: BMW P3302 motore a getto, 900 CV; Armamento: quattro cannoni automatici, uno sopra l'altro a prua; Carico bomba: 1000 kg.

Mercoledí 18 ottobre 1944

Ho aspettato davanti al Café Blasius fino a quando non c'erano piú clienti in farmacia, poi ho attraversato di corsa la strada, sono quasi inciampato sul marciapiede e sono entrato. Il farmacista era in piedi dietro il bancone; probabilmente ha vietato alla moglie di servire. Sopra le lenti dei suoi occhiali rotondi in metallo sulla punta del naso, mi guardava sprezzante. Pretendeva di nuovo la ricetta, nonostante ovviamente sappia che non posso ottenerla. Ho sparso tutto il mio denaro davanti a lui, che l'ha contato in un baleno con quelle sue dita scheletriche e l'ha nascosto in un lampo nella cassa. «Dove hai preso tutti questi soldi?». Mi ha dato del tu cosí, casualmente, ma io non ho risposto, volevo solo le mie medicine. Quando ho capito che non mi avrebbe dato niente gli ho chiesto di restituirmi i soldi, ma lui ha detto sogghignando che potevo pure denunciarlo. Poi il suo sguardo si è rabbuiato, e mi ha gridato di sparire perché lui non ha piú medicine per me.

Frammento VI
Monastero di Steinfeld, A.D. 1489

Ambrosius Arimond

La neve rendeva faticosa la discesa verso la riva del lago, ma mio padre ci condusse lungo sentieri sicuri fino a una zona pianeggiante, dove c'era abbastanza spazio per tirare il carro a riva con l'aiuto della coppia di buoi. Quando finalmente raggiungemmo la riva era già il crepuscolo, e il sole al tramonto bagnava il lago di una luce dorata. Contro la volontà di mio padre, Johann von Erkelenz mandò subito due dei nostri uomini sul ghiaccio, i quali però sprofondarono dopo pochi metri. Papà propose di aspettare il gelo notturno e di azzardare un nuovo tentativo alle prime ore del mattino, quando la lastra di ghiaccio sarebbe stata di nuovo abbastanza spessa da riuscire a reggere un uomo.

Il sole scomparve dietro le vette; divenne buio pesto e, come avevamo sperato, fece talmente freddo che il lago in effetti gelò di nuovo nel giro di poco. Papà attizzò un fuoco e sedemmo intorno alle fiamme, tremanti, cercando di superare la notte con l'aiuto di Dio. Johann von Erkelenz pregò fino al mattino, poi mi svegliò mentre gli altri dormivano ancora, mi benedisse e mi preparò, come disse profetizzandomi il futuro, per il mio grande compito al servizio della cristianità.

Le operazioni di recupero iniziarono ancor prima dell'alba. Due degli uomini si arrischiarono sul lago con delle scale, che posarono sul ghiaccio; lentamente si spinsero avanti sopra di esse, portando sulle spalle delle spesse corde. Arrivati al carro, dovettero fissarle al timone e all'asse, in modo da tirarlo a riva con l'aiuto dei possenti buoi. Sotto il peso degli uomini il ghiaccio cominciò a scricchiolare, vi si aprirono lunghe crepe e lentamente si ruppe. Uno di loro affondò e si tirò dietro negli abissi la scala alla quale si era aggrappato nella sua angoscia mortale, mentre il compagno si salvò a stento. Nessun altro si avventurò sullo specchio gelato.

Verso mezzogiorno il sole spuntò da dietro le vette delle montagne; il mondo ora giaceva in uno scintillio iridescente e dorato, e ci appariva simile a un ostensorio luccicante, il cui splendore bagna l'altare di una luce brillante. Dai pendii, masse di neve sdrucciolavano sul lago con un rumore fragoroso. Nel corso della giornata il clima era diventato quasi caldo e, non appena il sole l'avesse raggiunto, il carro, che ancora si trovava all'ombra, sarebbe sprofondato per sempre.

Avremmo voluto intraprendere subito il viaggio di ritorno, ma Johann von Erkelenz ci maledisse tutti e ci scongiurò insistentemente di salvare il cuore di Cusano. Era il nostro sacro dovere verso Dio; descrisse le pene del fuoco infernale che inevitabilmente si sarebbero abbattute su di noi, se non avessimo compiuto questo pio sacrificio. Mentre parlava, mi tenne stretta la mano e mi assicurò che ero destinato a guadagnare il paradiso per tutti noi.

Venerdí 20 ottobre 1944

Da una settimana la sala da ballo della locanda è stata trasformata in un ospedale da campo e in un'infermeria. Sul soffitto piatto è ora appesa la bandiera della Croce Rossa.

Quando oggi sono andato a trovare Sanny, una farmacia era stata appena allestita sotto stretta sorveglianza; i soldati scaricavano da un camion casse di medicinali, attrezzature mediche e coperte, li trascinavano nella locanda e da lí alla sala. Un ufficiale li esortava a sbrigarsi e dava loro ordini urlando; intanto si faceva versare da Sanny bicchieri di acquavite. Le finestre della sala erano state oscurate, i mobili trasportati sul palco, il pianoforte di Sanny era scomparso da qualche parte dietro i tavoli e le panche accatastate.

Ci sono volute alcune ore prima che tutto fosse sistemato e pronto per il ricovero dei feriti. Un medico militare zoppicante con una cicatrice sulla guancia è arrivato con i suoi infermieri; hanno montato una macchina a raggi X portatile, hanno sistemato un tavolo operatorio davanti al palco e separato questo settore con dei paraventi. All'improvviso, da un altoparlante è echeggiata ad alto volume una canzonetta; l'ufficiale si è affacciato barcollante sulla porta e ha ordinato di spegnere immediatamente il grammofono.

Verso sera sono entrati i primi feriti; gemevano e urlavano mentre li portavano nella sala e li stendevano sulle brande ordinatamente allineate una accanto all'altra sulla pista da ballo. Sopra di loro, sul soffitto, volteggiavano le lucenti ghirlande degli addobbi carnevaleschi, e le lanterne colorate oscillavano alla corrente d'aria.

Ho raccontato a Sanny della lettera di Alfons. Lei aspetta ancora un messaggio da Vallentin; l'ho abbracciata stretta mentre gli occhi le si riempivano di lacrime.

Lunedí 23 ottobre 1944

Durante il fine settimana ho sciolto dei vecchi blocchi di cera e versato la cera liquida contaminata attraverso un setaccio negli stampi per le candele. Saranno quaranta candele, che posso facilmente scambiare con generi alimentari.

Ispeziono le mie colonie di api dopo i pesanti attacchi aerei degli ultimi giorni; nove arnie sono completamente distrutte, un totale quindi di almeno cinquecentomila api morte. Le arnie al lago sono state scaraventate in acqua dalle onde d'urto, dove le ho trovate galleggianti come vacche morte; le arnie sui campi di Lünebach sono state probabilmente saccheggiate da prigionieri vagabondi. Cosa ne sia stato delle api al confine, non lo so.

Domenica sera Sanny è venuta inaspettatamente da me, mentre ero in giardino a raccogliere la nuova semina di fagioli nani. Era stata qui l'ultima volta da bambina; mi ricordo che aveva aiutato mia madre a raccogliere i fagioli, e ora aiutava me. Li ha sgusciati con cura e li ha messi nel cestino. La guardavo e lei sorrideva, perché sapeva a cosa stavo pensando. Ma penso davvero questo, sono davvero questi i miei pensieri che lei crede di indovinare? Tutto si trova da qualche parte ai margini della mia coscienza e vorrei lasciarlo lí.

Piú tardi siamo entrati in casa, abbiamo iniziato a pulire i fagioli, e improvvisamente la mia cara cugina è scomparsa. L'ho sentita camminare per la casa, dove probabilmente, curiosa com'è, osservava tutto. Dopo un po' è scesa dalle scale e si è seduta di nuovo con me al tavolo della cucina. A parte i molti libri era cambiato poco, ha detto, aggiungendo che una donna che metta un po' d'ordine sarebbe un bene per me e che adesso lei dovrà chiudere la locanda a causa dell'ospedale.

Giovedí 26 ottobre 1944

Questa notte l'intero prato è stato rovistato dai cinghiali, che in autunno escono regolarmente dal bosco alla ricerca di scarafaggi. Mia madre si arrabbiava sempre, perché distruggevano l'intero giardino.

Gli alberi da frutto hanno già quasi perso tutto il fogliame, e il sole splende attraverso i rami quasi spogli.

Quando sono andato in città ho saputo che la Gestapo ha preso la signorina Elisabeth; ho sentito dire che l'hanno colpita, l'hanno brutalmente spinta in un'auto Horch nera e portata via senza ulteriori spiegazioni e senza scartoffie, di solito tanto importanti. Mi ricordo di averla vista una volta, da bambino, dietro le nostre arnie; Elisabeth – doveva avere fra i trenta e i quarant'anni – era seduta lí, piangeva e papà si era chinato su di lei. Piú tardi papà era andato con lei nel capanno; attraverso la finestra polverosa, riuscivo a vederlo camminare avanti e indietro e parlarle in tono insistente, ma non riuscivo a capire nulla. Poi la vidi dare a papà un bigodino.

Venerdí 27 ottobre 1944

Kall e la regione dell'Urft sono diventate un enorme accampamento, con carri armati mimetici, camion e carri trainati da cavalli ovunque. I soldati fuggono davanti gli Alleati che avanzano da ovest. I loro aerei a bassa quota portano i simboli nazionali inglese, americano e francese, e non perdono mai l'occasione di bombardare. Il cielo blu, fino a poco fa tranquillo, è diventato scuro per i caccia ululanti, con i terribili musi della cabina di pilotaggio. Le bombe colpiscono la navata della chiesa parrocchiale, alla fine anche il vecchio campanile, il mattonificio e la segheria. Questa volta la ferrovia rimane indenne; finora, i binari e la stazione erano sempre stati il primo bersaglio avvicinato e coperto da un tappeto di bombe. *Quocumque aspexi, nihil est nisi mortis imago,* dovunque guardo non vedo che lo spettro della morte.

Mi rannicchio sotto la scrivania, le orecchie tappate con la cera d'api, e spero di non avere una crisi.

Le ambulanze girano davanti alla locanda; i feriti vengono scaricati e messi sulle ultime brande libere nella sala da ballo. I medici e gli infermieri lasciano il grammofono acceso, cantano le canzonette divertenti e ridono mentre portano fuori i morti e tolgono loro le uniformi. Qualcuno seleziona scrupolosamente gli indumenti ancora utilizzabili, altri coprono le vittime con coperte, sotto le quali si delineano chiaramente i corpi nudi. Cosí le salme giacciono tutto il giorno nella piazza davanti alla locanda. Le foglie gialle dell'ontano nero cadono su di loro e nel fiume. Le mosche si radunano sulle coperte umide e insanguinate, e nel piacevole calore del sole di fine ottobre aleggia il fetore dei cadaveri.

Sanny è impegnata tutto il giorno con altre donne a far bollire le bende sporche in grandi tinozze al fiume.

Lunedí 30 ottobre 1944

La signorina Elisabeth è via già da piú di tre giorni. Si racconta che sia stata portata a Colonia, alla sede della Gestapo in Appellhofplatz, dov'è stata interrogata e torturata a lungo. Non è assolutamente chiaro di che cosa si sia resa colpevole, ma nessuno chiede piú nulla al riguardo. Si dice che a organizzare il suo arresto sia stato il marito di Charlotte; forse ha a che fare con la biblioteca, forse anche con il sindaco, il suo ex amante, che era socialdemocratico e non voleva passare dalla parte dei nazisti. Forse Elisabeth appartiene all'Organizzazione. Temo che possa tradirmi.

Oggi ho preso di nuovo il Luminal, non avevo scelta. Mi rimane ancora una scatola con venti compresse, piú mezza confezione aperta; una razione d'emergenza con altre venti pillole l'ho nascosta in uno scomparto segreto nell'arnia (n. 9), dove si trovano anche i miei diari. Se continuassi a prendere gli anticonvulsivanti regolarmente, presto non me ne rimarrebbero piú.

La paura che vengano a prendere anche me aumenta; a rigor di logica dovrei nascondermi, rendermi invisibile fino alla fine della guerra. Ma cosa potrebbero volere? Io non ho fatto niente. Comunque, credo che al momento abbiano altre preoccupazioni. L'ultima volta in cui mi sono fermato davanti alla locanda, due tenenti colonnello delle SS, che avevo già visto una volta con il marito di Charlotte, hanno fatto il pieno alla loro auto con la benzina a disposizione dell'ospedale. Volevano di sicuro partire per mettersi in salvo, poiché sul sedile posteriore erano posate tre valigie completamente piene.

Da due giorni i morti vengono portati via solo la sera, al calar della notte. Nessuno sa dove.

Martedí 31 ottobre 1944

Giorno della Riforma

Ho avuto una crisi nel capanno al mattino. Quando ho ripreso conoscenza, ero sdraiato davanti alla casetta delle api; avevo la lingua dolorante e cosí spessa che non riuscivo a parlare. Uno dei soldati alloggiati in casa mia mi guardava con occhi da ubriaco; probabilmente pensava che fossi ubriaco anch'io. Quando mi sono raddrizzato, il soldato ha vacillato fino alle siepi di biancospino, ha pisciato e poi barcollando ha attraversato il giardino per entrare in casa.

De Havilland DH.98 Mosquito
Equipaggio: due uomini; Propulsione: due motori V-12 Rolls-Royce Merlin 25, 1635 CV ciascuno; Armamento: una mitragliatrice, quattro cannoni automatici.

La nostra cittadina trabocca di fuggitivi; provengono da Colonia, ormai completamente distrutta, da Düren e da Düsseldorf, ma anche dalla Prussia orientale e dalla Pomerania orientale. Su carriole e carrozzine da neonati hanno impacchettato tutti i loro averi e chiedono del cibo in elemosina alle porte delle case.

Ho iniziato a portare di nascosto viveri nella grotta, ho intenzione di nascondermi lí. Sopravvive chi ha imparato a vivere in segreto. Nell'oscurità, solo e tormentato dalle crisi, sarà un inferno.

Sabato 25 novembre 1944

La Gestapo mi ha prelevato da casa mercoledí 1° novembre alle cinque del mattino e mi ha portato a Colonia.

Ho ripreso conoscenza su una branda, ci sono salito sopra in piedi e ho guardato attraverso una piccola finestra con le sbarre in un cortile buio. Non ho memoria di quello che è successo. Il giorno seguente sono stato portato di sopra, mi hanno messo su una sedia e legato mani e piedi, intimandomi di nominare i complici, i nascondigli e i piani di fuga. Un congegno con delle spine mi è stato applicato sulle mani; sono svenuto per il dolore, ho avuto una crisi, e sono tornato cosciente solo quando mi hanno portato giú per le scale. Dal cortile giungevano forti urla; dei prigionieri venivano impiccati e rimanevano appesi alle corde perché, nel corso degli attacchi aerei, che duravano ore, nessuno osava uscire. Le detonazioni facevano oscillare gli impiccati avanti e indietro, come spaventapasseri al vento, dando loro tregua solo quando iniziava a piovere e il freddo gelido li avvolgeva in abiti di vetro. Quando finalmente la corda veniva tagliata, i corpi cadevano sul ciottolato e si frantumavano in cocci tintinnanti. Li lasciavano lí e, non appena la neve li ricopriva, si alzavano e, trasformati in invisibili ombre bianche, attraversavano il cortile. Altri uomini e altre donne venivano poi appesi alle corde, e io sognavo le mie api che strisciavano fuori e iniziavano a sciamare. Gli interrogatori sono peggiorati di giorno in giorno, e anche le mie crisi.

La Gestapo mi ha trattenuto per tre settimane, poi sono stato improvvisamente rilasciato.

Lunedí 27 novembre 1944

Ho paura di essere arrestato di nuovo; hanno minacciato di farlo perché non sono riusciti a ottenere nulla da me. Ma non potrei sopportare di nuovo tutto quello che ho passato.

Dove dovrei nascondermi? Ho parlato loro della grotta? In casa hanno perquisito ogni angolo e confiscato tutte le mie medicine. Solo il mio nascondiglio negli apiari non è stato scoperto. Forse dovrei distruggere questo diario, non scrivere piú nulla tranne ciò che riguarda le api; ma non me la sento, perché non mi rimane altro che questi appunti: mi tengono in vita, sono la mia unica memoria. Mi rendo conto che a ogni crisi dimentico sempre di piú; quindi non so se ho rivelato loro qualcosa; ho persino dimenticato come sono tornato a casa. E se la colpa di tutto fosse del farmacista?

Scrivere mi causa dolore. Mi sembra che il periodo in prigione sia stato tutto una lunga e pesante crisi; ho dovuto sopravvivere del tutto privo di medicine. Molte delle mie cellule cerebrali sono morte, mi ci vuole un'eternità per formulare anche solo una frase. I miei ricordi, la struttura cronologica, hanno perso ogni continuità.

Perché mi hanno rilasciato? Forse a causa di Alfons,

o forse Charlotte ha pregato suo marito di intercedere per me. Maria mi ha raccontato che Charlotte le ha chiesto di me e poco dopo lei e il suo fagiano sono scomparsi. Probabilmente non la rivedrò mai piú; a volte ricordo il suo odore, ma il suo viso e tutto il resto sono sbiaditi.

Mentre scrivevo sono crollato sulla scrivania, esausto; quando apro gli occhi, la luna splende a giorno sulla neve congelata. Le foglie colorate, coperte di brina, giacciono sotto il frassino, sempre l'ultimo albero a spogliarsene.

Martedí 28 novembre 1944

Sono in piedi nel capanno, osservo un bigodino in cui si trova una regina morta e ammiro la sua bellezza, leggera come polvere fredda.

L'offensiva degli americani è bloccata nel freddo gelido della foresta di Hürtgen; gli occhi dei loro aerei sono ciechi, la superiorità dei loro carriarmati inutile. La fitta coltre di abeti rossi aiuta i soldati tedeschi.

Maria ha ricevuto la notizia che suo marito è caduto.

I prigionieri russi non sono piú sorvegliati; vagano e frugano tra le rovine in cerca di cibo e vestiti caldi. Se vengono beccati a saccheggiare, li fucilano sul posto.

Trovo il mio cane vicino alla casetta delle api. Quando esco, viene verso di me mugolando, si sdraia a terra e si rotola nella neve; è smagrito e dalla sua pelliccia penzolano piccoli grumi di ghiaccio. Lo porto in casa e, dopo aver mangiato, si sdraia sulla sua coperta accanto alla stufa. Mentre dorme, il ghiaccio sul suo pelo si scioglie.

Domenica 3 dicembre 1944

La casa di Maria è stata completamente distrutta dall'ultimo attacco, e lei si è trasferita da me con i bambini. Viviamo tutti e quattro in quella che era la stanza di Alfons; alle pareti erano ancora appese le sue immagini degli aerei, che ho tolto e nascosto nell'arnia con i miei disegni e il diario. In tutte le altre stanze ci sono soldati stesi ovunque su paglierieci; oziano persino nel fienile. Quando sono ubriachi, allungano le mani su Maria.

Le medicine che il farmacista mi ha venduto l'ultima volta hanno spiacevoli effetti collaterali: vomito, ho i crampi e le allucinazioni. Temo che mi abbia rifilato della roba contraffatta. Le mie razioni d'emergenza nelle arnie stanno finendo ma, a quanto pare, non posso ridurre la dose senza che le crisi peggiorino e durino sempre piú a lungo. Per riuscire ad addormentarmi vorrei ricordarmi il canto delle mie api, ma ogni volta che ci provo si trasforma nel rombo e nel fischio dei cacciabombardieri. Temo che un giorno non troverò piú la via d'uscita da questo mondo estraneo in cui sono entrato.

Ricomincio con la cura Kneipp di mia madre: mi accovaccio nudo nella vasca di zinco. Maria mi versa addosso dell'acqua ghiacciata; mi irrigidisco per il freddo, ma forse servirà a qualcosa.

Penso che il farmacista voglia avvelenarmi.

Vivo nella paura che presto non sarò piú padrone dei miei sensi, che dirò cose che potrebbero tradirmi. Credo di dover fare un sacrificio: fare a pezzi qualcosa, eliminarlo con la forza, tagliarmi i capelli, mozzarmi le mani dalle giunture, uccidere qualcuno, spararagli una pallottola in faccia. Sono in piedi nella lavanderia, davanti allo specchio, e non mi riconosco. Vado a trovare le api, appoggio di nuovo l'orecchio sulle loro arnie e le sento ronzare molto piano, ogni arnia con una propria, diversa melodia. Stanno bene, il bombardamento non sembra disturbarle affatto.

Frammento VII
Monastero di Steinfeld, A.D. 1489

Ambrosius Arimond

Mi legarono la corda intorno al corpo; il sacerdote mi benedisse un'ultima volta e mi avventurai con cautela sul ghiaccio. Mi sdraiai a pancia in giú su una lunga tavola, che spinsi verso il carro. Nel frattempo, il sole si levava sempre piú in alto e splendeva, riscaldandomi la schiena. Le crepe nel ghiaccio si ampliarono a causa del mio peso, e l'acqua assorbita dai vestiti mi rendeva sempre piú pesante. Rimasi infreddolito sulla tavola per alcuni minuti, temendo che anche il minimo movimento potesse significare la mia fine. Dietro di me, dove il sole brillava già dalle prime ore del mattino, il ghiaccio del lago si era completamente sciolto; non potevo piú tornare indietro. Quanto ero pentito di essermi fatto carico di questa impresa contro la volontà di mio padre! Guardai attraverso il ghiaccio sottile e vidi i corpi dei cavalli e dell'uomo galleggiare nell'acqua cristallina; le grida dalla riva mi raggiungevano a malapena; udii invece la voce arrabbiata di mio padre, al quale avevano impedito di trattenermi, e le sonore e ferventi preghiere del sacerdote, Confiteor Deo omnipotenti. *Le parole risuonavano con un'eco infinita attraverso il paesaggio montano; credetti di vedere il volto benevolo della mia cara mamma sul fondo del lago e desiderai essere preso tra le sue braccia e accarezzato.* Beatae Mariae semper Virgini. *Per la paura della morte cominciai a piangere e vidi avvicinarsi la fine. Ero al sicuro tra le sue braccia, come una volta da bambino, e ascoltavo la sua dolce voce prima che infine sparisse per sempre come un'ombra.* Beato Ioanni Baptistae. *Masse di neve sovrastanti caddero dal ripido pendio e fecero tremare il ghiaccio sotto di me. Avanzai di nuovo, tirando ancora e ancora la fune, finché giunsi al centro del lago.* Mea culpa, mea culpa. *Il sole ora splendeva sulle rocce che dominavano l'altra sponda, sotto cui si trovava il carro.* Mea maxima culpa. *Le parole del segretario e degli uomini riecheggiavano ancora, le loro preghiere risuonavano di roccia in roccia come un coro polifonico. Scivolai lentamente come una lumaca sul ghiaccio che si scioglieva e finalmente raggiunsi il carro.* Ideo precor beatam Mariam semper Virginem. *Mi girai con attenzione sulla schiena, poi mi spostai con una spinta dal sole all'ombra sotto il carretto e fissai i cavi nei punti che mi erano stati ordinati.* Beatum Michaelem Archangelum. *Misi al sicuro con cura il prezioso carico: la cassetta con il cuore del Cusano e le scatole e i forzieri in cui si trovavano l'oro e i libri, scritti di cui all'epoca non potevo ancora immaginare cosa avrebbero significato un giorno per me.* Omnes Sanctos, et vos, fratres. *Sempre piú valanghe di neve si staccarono dal ripido pendio scricchiolando.* Et te, pater, orare pro me ad Dominum Deum nostrum.

Martedí 5 dicembre 1944

Da una settimana forti gelate; ieri il termometro ha segnato dieci gradi sottozero e oggi probabilmente fa ancora piú freddo. Mi sono seduto di nuovo nell'acqua ghiacciata.

Solo altri due Luminal.

Tutto scarseggia, anche il fieno e la paglia. Franz nasconde il cavallo nella zona mineraria perché non venga confiscato. Se ne occuperà lui.

In Bahnhofstraße le ultime case ancora in piedi bruciano. Chi non raggiunge il bunker abbastanza in fretta scompare senza lasciare traccia. La facciata anteriore del negozio di scarpe Joisten è crollata, ovunque sono sparse scatole e scarpe. Vedo una lavoratrice forzata che si avvicina circospetta al negozio; si guarda intorno, si china e nasconde un paio di scarpe sotto la casacca, poi corre lungo la strada.

La sera vado da Sanny; è seduta al piano superiore, nel suo appartamento, con Kleenbeen completamente ubriaco. La casa puzza in maniera terribile. Sulla pista da ballo giacciono ancora i feriti. In tutte le camere degli ospiti sono ora alloggiati medici militari e ufficiali, e il generatore posizionato sulla veranda della sala vibra ininterrottamente. Sanny piange, ha le mani tutte screpolate per la liscivia e per il freddo. Le chiedo se nella farmacia dell'ospedale ci possa essere qualche farmaco per me. Mi colpisce sul viso e urla che devo sparire.

Mentre arranco verso casa, ovunque le finestre sono oscurate. La neve rende tutto silenzioso e tranquillo.

Giovedí 7 dicembre 1944

Oggi ho preso l'ultimo Luminal; sto solo aspettando, senza sapere che cosa. L'umidità gelida della nebbia ricopre i rami con una filigrana di vetro, e la neve che cade trasforma la regione dell'Urft in un fiabesco regno incantato. Sono allo stremo, mi manca la forza di pensare e di scrivere.

Tutto mi sembra infinitamente silenzioso e lento. Le ghiandaie svolazzano davanti alla casetta e beccano le api, le quali stranamente hanno lasciato il loro alveare in pieno inverno; poi capisco che in realtà sono fiocchi di neve.

In me si risvegliano ricordi che non sono miei, che appartengono ad altre persone.

In quella che una volta era la via commerciale, e sulla piazza del mercato, penzolano i corpi impiccati dei disertori.

A casa mia non c'è piú spazio, neanche un angolo in cui potermi ritirare. Senza alcuna difficoltà, prendo una pistola e delle munizioni dalle armi che giacciono incustodite in giro, le avvolgo in una coperta e le nascondo dietro la casetta delle api.

Inverno 1944/45

Venerdí 22 dicembre 1944

Oggi dal farmacista: arriva urlando dal suo ufficio, mi afferra violentemente per le spalle e mi spinge verso l'ingresso. Che cosa pretendo, mi dice, mentre i nostri soldati stanno sacrificando la loro vita per la patria; io, un parassita, ho perso già da tempo il diritto di chiedere medicinali. La moglie è in piedi sulla porta, abbassa la testa e quasi scompare nel suo lungo camice bianco. Non so piú che cosa fare, cado sulle ginocchia e lo supplico con insistenza di darmi una medicina, qualcosa che mi aiuti. Mentre apre la porta con la mano sinistra, lui mi tira su con la destra e mi getta sul marciapiede. Riesco ancora a sentirlo minacciare di denunciarmi, se mi faccio vedere ancora.

Di notte ho cosí freddo che non smetto di tremare neanche sotto diverse coperte e nonostante il mattone caldo. Mi alzo, indosso due maglioni di lana, la giacca, una sciarpa e delle calze spesse, mi infilo di nuovo a letto e parlo con le mie api.

La mattina entro nel barile della pioggia in giardino.

Sabato 6 gennaio 1945

Re Magi

Dai giorni di Natale, terribili attacchi di febbre e spaventose vertigini; sto girando su una giostra frenetica, sempre piú veloce, ho paura che prima o poi volerò in cielo. O all'inferno. Non riesco piú a distinguere tra realtà e immaginazione, vago senza meta e non so dove sono; all'improvviso mi trovo da solo in un luogo sconosciuto, emetto parole confuse, poi mi pare di vedere Steward in piedi davanti a me, vedo mio fratello sfrecciare tra le nuvole nel suo bombardiere. Nella mia bocca aperta, con cui boccheggio a fatica, il farmacista stilla del veleno.

Maria è tornata senza medicine; piangendo, racconta che il farmacista ci avrebbe denunciato. In piazza del mercato una donna è stata giustiziata dalla polizia militare per saccheggio. Io grido che avevano ragione, i maiali, la legge è legge, persino nei tempi peggiori deve regnare l'ordine. Maria mi guarda inorridita, al che salto su come un pazzo e la picchio. Un soldato mi strappa via da lei, mi trascina alla porta e mi dà un calcio; cado nella neve sporca, il fango mi si congela negli occhi, i rami del frassino si chinano frusciando davanti al mio viso. Vedo carne appesa ai rami e, mentre la fisso, si trasforma in persone. Sento Maria piangere, ma non la trovo da nessuna parte. Le ho forse fatto del male?

Appoggio l'orecchio sulle cassette delle api, ascolto le mie colonie; le loro dolci melodie mi ricordano i canti dei monaci, e mi inginocchio davanti all'altare di una cattedrale infinitamente grande. Le api si scalderanno a vicenda, sono soddisfatte, hanno abbastanza provviste e sopravvivranno all'inverno. Ricomincio a parlare con loro.

Nel tardo pomeriggio vado in farmacia con la pistola sotto la giacca.

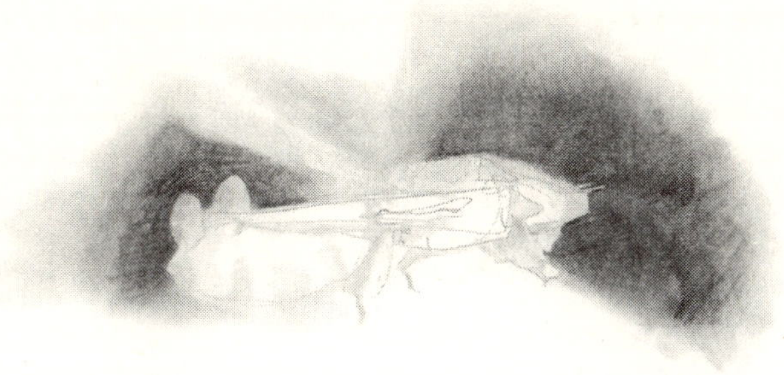

Lockheed P-38 Lightning
Equipaggio: un uomo; Propulsione: due motori Allison V-12 con turbocompressore, 1622 CV ciascuno; Armamento: quattro mitragliatrici, un cannone; Carico bomba: 1820 kg.

Pagina non datata

Mi sdraio febbricitante in cucina, sul freddo pavimento di pietra, non riconosco piú nessuno. Qualcosa di minuscolo continua a strisciare e saltellare nella mia testa, e si fa strada, si fa strada, sempre piú vicino, con un sommesso ronzio e brusio.

Il gelo mantiene la neve sul tetto. I caprioli stanno sulla roccia nella nebbia. Di notte sento le martore sotto le travi del tetto. Ruggenti linee nere si spingono nel cielo.

I soldati saltano fuori dalle trincee, corrono sui prati collinari e scompaiono nell'oscurità del bosco.

Sono al ponte sul Rauschen, getto la macchina da scrivere e i testi nel fiume; tutti i bei ricordi, i miei desideri e i miei sogni galleggiano nella corrente verso il lago, dove affondano per sempre nel fango profondo di uno stagno.

Le mie care api sciamano nel cielo invernale, soffiano come neri fiocchi di neve al vento.

Maria mi dà da bere.

Urlo che devo andare dalle mie api, poi svengo di nuovo.

In casa suona un grammofono. Hanno scovato il liquore al miele in cantina, hanno rotto il collo alle bottiglie e bevuto. Vedo davanti a me Maria che viene violentata piú e piú volte da loro, tre o quattro alla volta si gettano su di lei. Le legano delle corde intorno ai piedi, le...

il ghiaccio nel catino è congelato.

...le scrofe nella stalla vengono schiacciate a terra e pugnalate a morte con le baionette, le setole bruciate, la pelle raschiata fino a quando non è completamente nuda e tenera, poi le viscere sgorgano fumanti dalle pance squarciate. Su ogni metà dei maiali viene impresso un timbro, un'aquila tedesca con la svastica.

Cadaveri trovano posto sulle sedie, giacciono nei letti, sono accovacciati in un armadio; un cane zoppica tra le macerie, ha schegge di vetro in una zampa. Tutto è scuro per la polvere, puzza di gomma bruciata e di olio. Mangio uva spina e rabarbaro.

Devo andare dalle mie api, per avvisarle che presto morirò e Franz si prenderà cura di loro.

Nei miei sogni febbrili corro attraverso il campo fino a un relitto di aeroplano, trovo mio fratello, lo adagio sul carro, mi sdraio accanto a lui e guardo il cielo blu mentre il cavallo ci trascina da un pascolo all'altro. Parlo con Alfons tutto il tempo, lo calmo, ora non deve piú avere paura delle api.

Franz è in piedi davanti al mio letto, cerco di alzarmi.

Devo andare dalle api, dire loro che presto morirò ma che non rimarranno mai completamente sole.

I soldati sono in giardino, sparano alla casetta delle api. Li affronto: perché le mie api innocenti, che adesso, nel gelo, moriranno assiderate? Continuano a sparare alle mie colonie fino a quando la casetta crolla; poi uno di loro si gira verso di me, mi preme con calma la bocca della pistola contro la fronte e grida che devo sparire.

Maria mi aiuta ad alzarmi dal letto, mi conduce in bagno, e lí mi appoggio sulla tazza del water e vomito.

A un certo punto riprendo coscienza a letto, Maria mi dà una medicina, mi posa la mano sulla fronte.

Ci sono giorni in cui c'è il nulla, semplicemente e solo il nulla; le api si sdraiano riscaldandosi a vicenda e dormono nella mia testa, e io rimango per tutto il tempo in mezzo a loro.

Primavera 1945

Mercoledí 28 marzo 1945

Quando riapro gli occhi, dopo molto tempo, vedo un'ape invernale alla finestra; si muove eccitata sul vetro polveroso che brilla alla luce del sole, e vuole uscire. È una delle esploratrici, che escono dall'arnia ogni primavera al primo tepore per vedere se i fiori stanno già sbocciando, se il tempo è favorevole per il volo delle raccoglitrici.

Le regine avranno ora avviato l'attività di covata.

Dormo a lungo, mi sveglio; Maria siede accanto a me sul letto e mi tiene la mano. I bambini scorrazzano ridendo in giardino. Sono esausto, non riesco a parlare, non mi vengono le parole, posso solo sentirle. Maria mi tranquillizza: Franz si sta prendendo cura delle api.

Lentamente mi torna la memoria.

Maria racconta che qui la guerra è finita, davanti a casa sono arrivati gli americani, lei ha consegnato a uno dei gentili ufficiali la lettera di Steward per i suoi genitori, gli ha mostrato l'ingresso della grotta, poi ha ricevuto le medicine per me, grazie alle quali sto lentamente migliorando.

Quando mi alzo, guardo fuori dalla finestra verso la casetta delle api; è completamente distrutta, tranne qualche arnia rimasta in piedi in disparte. Mi gira la testa, collasso; piú tardi Maria mi trova sul pavimento della cucina.

Non ricordo che cosa ho fatto al farmacista; lo vedo ancora sogghignare dietro il bancone, mentre io sono in piedi davanti a lui con la pistola, le sirene ululano, tutti corrono verso il bunker. Lo costringo a restare. Scopro da Maria che mi hanno tirato fuori dalle macerie, che il farmacista, la moglie e il figlio sono morti. Maria mi ha preso la pistola di mano e piú tardi l'ha gettata nel lago. Tutto ciò che gli americani non dovevano vedere è stato bruciato o affondato.

Domenica 6 maggio 1945

Maria ha ancora paura che mi venga un'altra crisi. Ma i farmaci aiutano, li tollero senza effetti collaterali. Da settimane non ho alcuna ricaduta. Torno a ricordare nomi e avvenimenti, riesco nuovamente a leggere. Da ieri la casetta delle api è di nuovo in piedi, Franz mi ha dato una grossa mano.

Nel primo pomeriggio siedo vicino ai fori di volo. Le api svolazzano davanti all'arnia blu con le cestelle del polline piene, scintillano come gocce d'ambra al sole. Amano il blu piú di tutti gli altri colori, atterrano sulla tavoletta d'ingresso e si muovono rapide in cerchio; sicuramente stanno riferendo dove ora fioriscono bucaneve, tossilaggini e salici. Le operaie all'interno dell'arnia iniziano a costruire le celle delle regine; questa volta ce ne sono molte di piú che in tutti gli anni precedenti. Sanno che devono prolificare e che avranno bisogno di molte regine per fondare nuove colonie. A causa delle buone condizioni meteorologiche e dell'abbondanza di cibo, certamente sciameranno prima, rispetto alla primavera scorsa.

Ho richiesto al comando americano di Aquisgrana un lasciapassare per recarmi al confine, spero che sia pronto prima della stagione della sciamatura.

Venerdí 18 maggio 1945

Nei giorni scorsi ho visitato i pascoli dei dintorni. La maggior parte delle mie colonie è distrutta. Ovunque nei boschi si aprono profondi crateri, gli alberi sradicati non sono altro che tronchi costellati di schegge di granate, i terreni costellati di ordigni inesplosi e mine.

Le cornacchie, gracchiando, spiccano il volo dai cadaveri quando fermo il carro al limitare di un campo. Corro verso un aereo precipitato, trovo un paracadute e lo porto con me, affinché Maria possa cucire camicie e camicette di seta per i suoi figli.

Quando arrivo a casa, trovo sul tavolo della cucina una lettera del professor Karl von Frisch; risponde al mio scritto inviato piú di un anno fa, scusandosi per non essersi fatto vivo durante il caos della guerra. Giudica le mie riflessioni sulla distribuzione della sottospecie *mellifera carnica* decisamente rimarchevoli, parole sue, e mi riferisce delle sue attuali ricerche sulla danza e la comunicazione tra le api. Mi invita a Monaco al suo istituto presso l'università Ludwig Maximilian.

Quando la stagione della sciamatura sarà finita, mi sarò finalmente occupato delle colonie al confine e le condizioni di viaggio saranno un po' migliorate, lo incontrerò sicuramente a Monaco. Ma non ho ancora neppure il permesso del comando americano di recarmi dalle api in altura.

Sabato 19 maggio 1945

Questa sera sono tornato alla locanda di Sanny per la prima volta dopo tanto tempo. Non si può entrare nella sala, dove domina ancora la tremenda confusione dell'ospedale da campo ora dismesso. Il marito di Sanny, Vallentin, siede apatico in cucina, non parla con nessuno, nemmeno con la moglie. Al bancone si racconta che molti contadini sono saltati in aria nelle loro fattorie mentre rimuovevano ordigni inesplosi, o durante l'aratura sono finiti con le ruote su mine anticarro, che li hanno scaraventati in cielo con un boato insieme ai loro ronzini e hanno sparpagliato sui campi i pezzi di carne insanguinati.

In tarda serata si apre la porta della locanda; Vincentini sogghignando infila la testa nella tenda di feltro puzzolente, la spinge teatralmente di lato ed entra nella sala, saltellando con il solito chiasso fino al suo posto al bancone. È elegante, indossa un abito e un cappello a tesa larga, e racconta di affari lucrativi e di accordi con gli americani, del legname delle foreste che i contadini gli hanno lasciato a buon mercato e che venderà con buon profitto alle fabbriche. Siede accanto a me, mi dà un'amichevole pacca sulla spalla e domanda ridendo: «Bene, Arimond, sei sopravvissuto anche tu?». La guerra è finita da tempo per lui; non ne parla piú, sembra che non abbia mai avuto luogo. *Fortuna favet fatuis*, la fortuna arride agli stolti. C'è un lato positivo nell'essere come Vincentini.

Quando arrivo a casa, Maria è già a letto e dorme. Leggo per la prima volta dopo tanto tempo i pochi frammenti rimasti e cerco di tradurli.

Frammento VIII
Monastero di Steinfeld, A.D. 1489

Ambrosius Arimond

Con il benevolo aiuto di Dio riuscimmo a tirare il carro a riva. Svenni, passai la notte gelida accanto al fuoco e non mi svegliai fino al mattino, quando ci si stava ormai apprestando alla discesa. Nel delirio febbrile aprii lo scrigno piombato con i sigilli papali, vidi il cuore ancora congelato dell'illustre erudito e persi nuovamente i sensi.

Mi ci volle una settimana per recuperare le forze. La primavera era ormai pienamente tornata; sotto il sole caldo, Mäthi si affaccendava diligente con le arnie, e nei prati si asciugavano gli scritti salvati della biblioteca di Cusano. Quando iniziarono i preparativi per l'attraversamento del passo, anche i morti recuperati dalla montagna erano stati sepolti da tempo nel nostro cimitero.

Da qualche tempo un odore sgradevole, di cui non riconoscevamo la causa, aveva attirato la mia attenzione. Johann von Erkelenz scoprí che il cuore di Cusano aveva iniziato a decomporsi. La cattiva esalazione si diffuse presto in tutta la casa e gli ospiti cominciavano già a lasciare l'ostello. Per ordine del reverendo segretario, usammo la neve per raffreddare il cuore e fermare cosí la decomposizione. Ma come portare il cuore del cardinale nella sua patria? Von Erkelenz si inginocchiò nella sua camera e pregò; tutti gli sforzi del salvataggio sembravano ora essere stati vani.

Poi mi venne in mente che Mäthi una volta mi aveva mostrato che le api si liberavano dai miasmi velenosi dei topi o dei ghiri che si erano infiltrati nel loro alveare uccidendoli con migliaia di punture e ricoprendoli poi con una resina a rapido indurimento. Allora perché, pensai, non dovrebbero fare lo stesso con il cuore di Cusano? Riuscii a convincere Johann von Erkelenz. Cosí collocammo lo scrigno aperto con il cuore nell'arnia buia della nostra colonia piú operosa, e subito le care api iniziarono a coprire l'organo, e lo scrigno stesso, con un meraviglioso strato giallo dorato che ne fermò la decomposizione, lo imbalsamò e mummificò, eliminando tutti i cattivi odori. Lasciammo il cuore assieme alle api nel loro alveare. Mäthi e io accompagnammo il segretario e il suo seguito nell'attraversamento del passo e ci fu affidato il compito di scortare l'arnia con le api che si prendevano cura del cuore. Per me iniziò una grande avventura, un viaggio in un mondo nuovo e sconosciuto. Mio padre mi affidò alle cure del segretario, che garantí per la mia educazione e formazione.

Oltrepassammo le Alpi con grande sforzo e raggiungemmo il lago di Costanza, che allora mi sembrava immenso quanto oggi il vasto oceano. Ci imbarcammo e navigammo lungo il Reno verso Coblenza, quindi lungo la Mosella fino a Cusa. Il cuore di Cusano fu incastonato nella cappella del convento ai piedi dell'altare, sotto una mattonella d'oro. Entrai nell'Ordine dei benedettini, imparai il latino e il greco e divenni lo scrivano del segretario, ora nominato abate del monastero, il quale a causa del congelamento alle mani non era piú in grado di copiare gli insegnamenti di Cusano per i posteri. Questo compito spettò a me fino alla sua morte.

Nel 1502, all'età di quarantotto anni, Ambrosius fu scomunicato; dovette lasciare l'Ordine dei benedettini a causa della relazione amorosa con una contadina. L'abate Erkelenz, suo benefattore e protettore, era morto molti anni prima. Ambrosius fu colpito da un anatema da parte del suo monastero: la fame e la sete sarebbero scese su di lui, sulla sua amante e sui figli nati da questa sventurata unione voluta da Satana; in nessun luogo lui e i suoi avrebbero trovato un rifugio tranquillo; d'ora in avanti la giustizia divina lo avrebbe perseguitato con lance e lame infuocate; da un calice rovente avrebbe dovuto bere pece bollente all'inferno, dove le fiamme gli sarebbero fuoriuscite dal naso e dalle orecchie. Tutti i suoi scritti, come riporta un fratello del monastero, furono distrutti.

Ambrosius, a quanto si evince dai registri, morí pacificamente nel 1541, all'età, biblica per l'epoca, di ottantasette anni; si dice che alla fine fosse diventato un apicoltore di successo e un cittadino benestante e rispettabile. La sua specie di ape, l'*Apis mellifera carnica*, era nel frattempo prolificata e già allora impollinava le piante della regione dell'Urft.

Pagina non datata

Martedí 22 maggio 1945, Egidius Arimond ricevette finalmente l'atteso permesso speciale dall'amministrazione americana di Aquisgrana per il viaggio fino alle sue colonie di api al confine belga. Il giorno seguente agganciò il carro, carico di tutti gli strumenti necessari per riparare le arnie e catturare le colonie sciamate. Voleva anche dare adeguata sepoltura al vecchio professore, perciò prese con sé una zappa pesante e una pala. Lungo la strada, di tanto in tanto dovette scendere dal carro e condurre per le redini il cavallo, che imbizzarriva vicino ai crateri delle bombe. Pernottò presso un amico contadino, che solo da poco era tornato con la famiglia nella sua fattoria distrutta.

La mattina dopo Egidius si alzò presto per arrivare al confine prima dell'alba. La maggior parte delle sue colonie era sopravvissuta bene alla guerra, aveva già immagazzinato il miele sul secondo telaio e tutte le regine avevano cominciato a covare nei loro alveari. Egidius lavorò fino a mezzogiorno, si appoggiò al carro e fece uno spuntino; il cane dormiva all'ombra sotto il carro, il cavallo pascolava tra i cespugli di ginepro sul prato. Maria gli aveva dato un cestino con il cibo piú vario che era riuscita a procurargli nonostante la grave scarsità, e ora lui lo apriva entusiasta, disponendosi, affamato, a consumarlo. Aveva intenzione di sposare Maria, adottare i suoi bambini e vivere insieme con loro nella sua casa; sperava anche di poter tornare presto a lavorare come insegnante. Nel frattempo, nell'arnia regnava una vivace animazione, poiché le larve della generazione successiva dovevano essere nutrite, e nuovi favi per la covata dovevano essere costruiti. Nel ronzio eccitato si percepiva che alcune delle colonie avrebbero presto sciamato. Intanto le raccoglitrici visitavano le siepi di biancospino e i fiori primaverili e tornavano con abbondante nettare e polline. Mentre Egidius guardava giú nella valle, migliaia di api si riversarono improvvisamente fuori dall'arnia: una regina aveva lasciato la colonia con il suo seguito. Egidius seguí lo sciame con lo sguardo, poi s'infilò la tuta di protezione e indossò il cappello di suo padre. Prese dal carro tutto il necessario per la cattura e s'incamminò placido con una scala in spalla attraverso il campo fino alle api, che nel frattempo si erano raccolte nella diramazione di un alto pino. Arrivato all'albero, si arrampicò sulla scala e poi, con cautela e aiutandosi con una scopetta, indirizzò dai due rami nel suo cesto il grappolo di api con la sua regina. Quindi rimase ancora per un po' seduto sull'albero e aspettò che le ultime api avessero seguito la regina, e alla fine si mise in marcia con la colonia lungo la via del ritorno fino al carro. Con la tuta bianca e il cappello da apicoltore sembrava un astronauta che avesse vagato su un pianeta sconosciuto in un lontano futuro e ora stesse tornando all'astronave portando con sé una strana specie aliena. Quando vide il suo cane annusare curioso un oggetto metallico, Egidius si rese conto di trovarsi in mezzo a un campo minato. Pietrificato, si fermò.

Ringraziamenti

Nella caffetteria del supermercato di Kall ogni mattina s'incontra un gruppo di anziani signori, che si raccontano le novità della giornata davanti a caffè e torte, panini imbottiti, wafer e succhi di frutta. Per un certo periodo sono stato uno di loro, ho ascoltato con piacere le loro storie e le ho rielaborate come scrittore, cosa che tuttavia non hanno particolarmente apprezzato.

Quando l'estate scorsa mi sono trovato al bancone del panificio con mia moglie Elvira, Franz Müller, una di quelle "teste grigie", si è avvicinato e mi ha chiesto se avevo un momento per vedere qualcosa che aveva da mostrarmi. Al tavolo, ha preso da una valigetta un fascio di quaderni con dei disegni a matita, che mi assicurò di aver trovato in una vecchia arnia mentre riordinava il suo fienile. I documenti, disse, raccontavano di un uomo a cui lui doveva molto e che poco dopo la guerra era rimasto ucciso da una mina anticarro in un campo vicino al confine belga. Quando, all'epoca, i contadini che lavoravano nelle vicinanze arrivarono sul luogo della disgrazia, non trovarono piú niente di lui, all'infuori di un paio di brandelli di indumenti: l'esplosione del pesante ordigno lo aveva ridotto in migliaia di pezzi. Alcuni sciami di api avevano appena lasciato le loro arnie e fluttuavano sui campi in nubi di veli svolazzanti, come se non fosse successo nulla; sembravano stelle danzanti di un universo ronzante. Conoscevo già il racconto di Franz e stavo per tornare da mia moglie quando Lambertz, un altro degli anziani, mi guardò serio e disse che era certamente lui l'uomo che, durante la guerra, aveva salvato degli ebrei, che lí lo conoscevano tutti, e inoltre era un mio parente alla lontana.

Sono rimasto sbigottito; a quanto pareva, tutti nella regione dell'Urft conoscevano questo Egidius Arimond, tranne me. Un altro mi disse che, visto che sono uno scrittore, avrei potuto finalmente scrivere qualcosa di buono sulla città di Kall e in questo modo «rendere giustizia alla storia».

Alla fine ho preso i quaderni insieme con la valigetta, li ho messi sotto il divano nel mio studio e li ho disseppelliti solo quando ho dovuto rinunciare alle mie passeggiate a causa delle incessanti piogge autunnali. A quel punto mi sono seduto, ho aperto la valigetta, e un misterioso profumo di cera e miele, petali e aghi di pino si è sprigionato verso di me. Tra i fogli fittamente riempiti, giacevano ali e zampe di api e insetti a me sconosciuti, e si trovavano inoltre strani segni che mi ricordavano le tracce tortuose dei coleotteri sulle cortecce di vecchi alberi. Come incantato, mi sono messo al lavoro e, grazie a un po' di ricerche, ho trovato molti altri documenti, quali per esempio la lettera di una certa Esther Rubin di Haifa, in cui ringrazia Egidius Arimond per averla salvata, descrive la sua fuga fortunata in Palestina e chiede di una bambolina di pezza della quale ha tanta nostalgia.

Non posso garantire che tutti gli avvenimenti siano storicamente attendibili, ma chi può mai sapere quanto c'è di vero e quanto di inventato nelle storie che ci raccontiamo? In ogni modo, è certo che le api di Arimond impollinano ancora i fiori della regione dell'Urft e ne raccolgono il nettare.

Oltre agli anziani della caffetteria, vorrei ringraziare il mio amico, il documentarista e fotografo Dietrich Schubert, i cui film si occupano tra l'altro della storia dell'Eifel e con il quale ho avuto molte conversazioni riguardo agli ultimi anni della guerra. Ringrazio la fondazione artistica NRW, che mi ha permesso di trascorrere un soggiorno di lavoro piuttosto lungo a Istanbul. Per quanto riguarda le api, la loro biologia e la loro vita, sono in debito con la signora Groh e con Thomas Münz dell'Università di Würzburg, con il sociologo e apicoltore Karl-Heinz Urlaub e con il biologo e apicoltore Klaus Kaldenbach. Mi hanno dato consigli e mi hanno segnalato errori che ho cercato di correggere al meglio. Se, nonostante tutto, dovessero essere rimasti ancora errori nel testo, essi sono certamente il risultato della mia esagerata immaginazione. Vorrei ringraziare il mio amico Andreas Erb e sua moglie, l'eccellente Melanie David, Martina Schulten, Franz Peters, Michael Martinek, Katharina Schubert, Gregor Seferens e Holger Schwab – che mi ha regalato un cestino per le api durante una lettura nella sua bellissima libreria «buchLaden 46» e mi ha incoraggiato a scrivere finalmente un romanzo su di esse – e il mio caro amico Arno E. Chun, il cui fiuto per la parola giusta rimane vigile anche quando le mie forze si sono ormai spente, e mi incita continuamente alla precisione, nonostante io abbia sempre piú voglia di uscire nella pace delle mie lunghe camminate. Ringrazio il mio editor Martin Hielscher, che è stato pazientemente a disposizione per tutte le domande, nostro figlio Erasmus, da cui provengono i bellissimi disegni, e la mia amata Elvira, senza la quale tutto questo non avrebbe alcun valore.

Keldenich, 9 aprile 2019
Norbert Scheuer

Nota

Tutte le citazioni latine sono state da me tradotte direttamente nel testo per una migliore leggibilità e raggruppate poi qui in calce a questa nota. Egidius Arimond ha probabilmente espresso nel suo diario una moltitudine di pensieri e di nozioni che ha ripreso dagli autori antichi. La peculiare espressione «Come la casa di un topo, anche la mia grotta ha diverse uscite», per esempio, sarebbe rimasta per me alquanto bizzarra, se la dottoressa Cora Sybi-Böttcher non mi avesse fatto notare che si tratta di un passo della commedia *Truculentus* di Plauto. Io sono uno scrittore, non un filologo; voler o dover trovare in ogni frase qualcosa che la trascenda, come se ci fosse un tesoro da scoprire in ogni grotta, non può essere compito mio.

A questo punto vorrei ringraziare il lettore e la lettrice che si assumeranno questo compito.

CITAZIONI LATINE

(p. 17)
Aspera perpessu fiunt iucunda relatu.
Le situazioni difficili da sopportare diventano piacevoli da raccontare.
Catone, Frammento 32

(p. 25)
Arduum videtur res gestas scribere.
È difficile descrivere le imprese compiute.
Sallustio, *De coniuratione Catilinae* 3, 2

(p. 37)
Sors est sua cuique ferenda.
Ciascuno deve accettare la propria sorte.
Manilio, *Astronomica*, IV, 22

(p. 85)
Velis et remis.
Con le vele e con i remi.
Cicerone, *Ad familiares* 12, 24 (25)

(p. 100)
Quodque parum novit, nemo docere potest.
Nessuno può insegnare ciò di cui sa poco.
Ovidio, *Tristia*, 2, 348

(p. 100)
O fallacem hominum spem!
Com'è ingannevole la speranza dell'uomo!
Cicerone, *De oratore* 3, 7

(p. 130)
Amare et sapere vix deo conceditur
Raramente gli dei concedono di amare e al tempo stesso rimanere saggi.
Publilio Siro, *Sententiae* A 22

(p. 150)
Qualis nox fuit illa, di deaque,
quam mollis torus. Haesimus calentes
et transfudimus hinc et hinc labellis
errantes animas.
O dèi e dee, che notte deliziosa!
Stretti e ardenti, del letto fra le sponde,

l'anima errante ognun nell'altro infonde[1].
Petronio, *Satyricon* 79, 8

(p. 169)
Ludite, eunt anni more fluentis aquae.
Nec quae praeteriit, iterum revocabitur unda,
nec quae praeteriit, hora redire potest:
Utendum est aetate! Cito pede labitur aetas,
nec bona tam sequitur quam bona prima fuit.
Divertitevi: gli anni passano come l'acqua che scorre.
L'acqua che è passata non sarà chiamata indietro un'altra volta,
L'ora che è passata, non può tornare.
Bisogna approfittare dell'età: l'età scivola via con piede veloce
E non ne segue mai una cosí bella, quanto fu bella la precedente[2].
Ovidio, *Ars amandi*, III 62 ss.

(p. 191)
Fabulae!
Sciocchezze!
Terenzio, *Heautontimorumenos* 336

(p. 204)
Quocumque aspexi, nihil est nisi mortis imago.
Dovunque guardo non vedo che lo spettro della morte.
Ovidio, *Tristia* 1, 11, 23

(pp. 215-216)
Confiteor Deo omnipotenti,
beatae Mariae semper Virgini,
beato Michaeli Archangelo,
beato Ioanni Baptistae,

1. Petronio, *Satyricon*, traduzione di Ugo Dèttore, BUR 1981.

2. Ovidio, *L'arte di amare*, traduzione di Armando Massarenti, Utet 2016.

sanctis Apostolis Petro et Paulo,
omnibus Sanctis,
et vobis, fratres / et tibi, pater,
quia peccavi nimis
cogitatione, verbo et opere:
mea culpa, mea culpa,
mea maxima culpa.
Ideo precor beatam Mariam semper Virginem,
beatum Michaelem Archangelum,
beatum Ioannem Baptistam,
sanctos Apostolos Petrum et Paulum,
omnes Sanctos,
et vos, fratres / et te, pater,
orare pro me ad Dominum Deum nostrum.
Confesso a Dio onnipotente
e a voi, fratelli,
che ho molto peccato
in pensieri, parole, opere e omissioni,
per mia colpa, mia colpa, mia grandissima colpa.
E supplico la beata sempre vergine Maria
gli angeli, i santi e voi, fratelli,
di pregare per me il Signore Dio nostro.

(p. 232)
Fortuna favet fatuis.
La fortuna arride agli stolti.
Anonimo

Sommario